THE TURNING POINT FOR THE TEACHING PROFESSION

Growing Expertise and Evaluative Thinking

教师的专业成长与评价性思考

专业主义如何影响和改变教育

[澳] 菲尔德·里卡兹 Field Rickards

[新西兰] 约翰·哈蒂 John Hattie

[澳] 凯瑟琳·里德 Catherine Reid 著

中国青年出版社
CHINA YOUTH PRESS

图书在版编目（CIP）数据

教师的专业成长与评价性思考：专业主义如何影响和改变教育 /（澳）菲尔德·里卡兹，（新西兰）约翰·哈蒂，（澳）凯瑟琳·里德著；曾钰文译.
—北京：中国青年出版社，2023.5
书名原文：The Turning Point for the Teaching Profession: Growing Expertise and Evaluative Thinking
ISBN 978-7-5153-6914-3
Ⅰ.①教… Ⅱ.①约… ②菲… ③凯… ④曾… Ⅲ.①师资培训—研究 Ⅳ.①G451.2
中国版本图书馆CIP数据核字（2023）第001516号

The Turning Point for the Teaching Profession: Growing Expertise and Evaluative Thinking 1st edition/ by Field Rickards, John Hattie, Catherine Reid
ISBN: 9787515369143

教师的专业成长与评价性思考：
专业主义如何影响和改变教育

作　　者：[澳] 菲尔德·里卡兹　[新西兰] 约翰·哈蒂　[澳] 凯瑟琳·里德
译　　者：曾钰文
责任编辑：肖妩嫔
文字编辑：黄　婧
美术编辑：杜雨萃
出　　版：中国青年出版社
发　　行：北京中青文文化传媒有限公司
电　　话：010-65511272 / 65516873
公司网址：www.cyb.com.cn
购书网址：zqwts.tmall.com
印　　刷：大厂回族自治县益利印刷有限公司
版　　次：2023年5月第1版
印　　次：2023年5月第1次印刷
开　　本：787 × 1092　　1/16
字　　数：120千字
印　　张：13
京权图字：01-2022-3989
书　　号：ISBN 978-7-5153-6914-3
定　　价：49.90元

Contents

目录

Introduction

引言

世界正在经历的新冠肺炎疫情大流行对学校教育造成了最严重的破坏，但是教师们在适应学校运作方式的过程中展现出了不可思议的创造力和多样性。这是一个多么值得尊重教师职业的时代呀！可悲的是，随着学校回归正常，我们都会遗忘教师们有着那么多独特而有价值的专业知识，又将重新讨论那些不那么重要的话题，如修改时间表、为家庭作业而争吵，以及决定学校应该是私立还是公立。这本书的主要目的是深入探讨教师作为一种职业意味着什么，专业知识和评价性思考如何成为一种职业的核心概念，同时说明很高比例的教师具备这些特质，他们能将教学从一门技能转变为基于专业知识的受人尊敬的职业。

目前的教学和学校模式已经合理地保持了150年，并且在过去的几十年里，对教师和学校的需求一直在快速增长。现在，越来越多的学生被归类为需要特殊帮助，学生背景的多样化也在增加，所涵盖的内容似乎越来越多，责任无处不在，社会和情感的学习也已经被添加到教师和学校的职责范围内。由于互联网的力量，家庭和学校之间的界限也逐渐模糊。传统的教师职业结构正在不断瓦解，许多人要么选择不进入这个行业，要么选择年纪大得多才进入这个行业，要么就是不想从教室升迁到领导岗位。负责制定政策和问责模式，并将自己喜欢的理论推广到学校的官僚机构正以更快的速度增长，而官僚机构通常由那些课堂经验很少或没什么课堂经验的人组成。

我们处于这样一个时期，可能需要让教师这个职业提出关于其目的、专业基础知识和未来发展的一些关键问题，因此，《教师的专业成长与评价性思考》一书就应运而生了。

我们从第一部分开始做介绍性说明，来解释这个转折点。文章的论点是专业知识特别是评价性思考的概念，需要成为专业的核心。我们认为，它一直都是核心。我们强调思考和行动的深度，以及关于互惠、关心、尊重、专业知识等其他核心价值观，这也是教师为之奋斗的职业目标。我们将在第二部分更深入地探讨这些关于专业知识本质的观点。

当参观学校和教室时，我们很快就会被周围的优秀打动。事实上，对我们三位作者来说，见证这种优秀便是一种主要的动力，让我们继续从事这个职业并为被称为“教师”而自豪。第三部分讨论了这种评价性思考在行动中的一些更实际的例子，我们研究如何将核心概念转化为教师培育项目。我们有10年的经验，每天都在教师培育项目中生活和呼吸，努力实现评价性思考。一些人对这项工作持批判性态度，通常是因为术语上的争议。他们不喜欢像“循证教学”这样的术语，它经常被用作一个标签——我们也同意这个标签可能隐含的一些误解——但批判往往不是关于制定了什么，而是批判者担心什么正在制定。人们往往误认为“循证”或“评价性思考”意味着冰冷或是不带感情的实践，又或弊病或是缺陷，在未受到审核的情况下即把数据用于课程或系统运行。但在医疗语境中，“循证”往往意味着同情、价值观、关怀和对其他人意见的欢迎。

我们需要一场革命，或至少是重新评价教师职业。目前是最适宜的时间，但我们需要批判性地深思我们要去往哪里，我们要如何成长，我们想要如何被同事们看待，如何吸引新朋友加入到我们的行业中，以及受到家长、大众和政府的欢迎和支持。

我们三位作者从截然不同的职业轨迹中得出这些观点:专注于教师培育，专注于研究，专注于教学。在过去的10年里，我们每天与志同道合的同事们还有批评者们一起工作，建立了一个基于评价性思考和发展专业知识的项目，下面是我们的故事。

菲尔德·里卡兹

1974年我在墨尔本大学任教，担任该校听力学研究生项目的首任主任。这是一个循证项目，通过将循证科学与循证实践相联系来发展循证思维。其中一门课程是声学，这是一门重要的基础科学，支撑着听力学领域的许多方面。作为一名教师，我对教学内容充满热情，包括简单和复杂的音调、噪音、共振、听觉感知、语音声学、房间声学等主题，每一种都是听力测量、助听器安装、听力康复和聋人教育的基础，并直接应用于听力学和耳聋治疗领域。这个课程中提出的概念，连同其他基础和循证科学，支撑着所有治疗听力受损患者时的循证思维。参与此项目的学生从包括科学、工程、语言学和心理学在内的多个学科中毕业。声学考试简单明了，旨在评估学生对声学的深刻理解。

考试结果呈典型的双峰型，那些对主题有深刻理解的人可以拿到优秀（前15%）或优异（前5%），那些不太理解概念的人只能勉强通过。这是关于深层学习和表层学习差异的一个很好的例子。我的教学有什么问题吗?几年后，我明白了我只是在传递信息。我没有给每个学生足够的时间将信息转化为知识和理解，也没有给自己足够的时间来“诊断”房间里30位研究生持有的误解，我把教学和教师向学生传授“知识”弄混了。我花了几年的时间才明白，学习需要努力去理解信息，这转而会促使知识的发展。这个过程使信息变得有意义，并帮助学生构建支撑循证实践的思维概念框架。教师的工作越来越多地偏向于帮助学生理解意义，教师或教科书不再是知识专供者。相反，批判性地分析和比较来自不同来源的信息成为教育的一个重要元素。

教师面临的挑战是审慎地从表面往深处，在学生的发展或表现的各个方面配合他们。教师们总是要面对班上学生之间相当大的差异，在许多地方产生了“个性化学习”的需求，以确保每一位学生都能够充分掌握知识。但个性化的学习方法并没有被更多注意，这可谓是一个挑战——如果教师要满足个别学习者的需求，那么需要的不仅仅是“个性化学习”的修辞，他们需要的是具体技巧来激活学生的认知和思维。

教学是一项最复杂、最具挑战性的职业，对听障儿童的教学是一项尤其复杂的任务。它比一般的学校教学任务包含更多内容，进展情况需要更具体地阐明并监测。教师的专业实践专注于学生个体，并建立在学生当前的表现和发展需求的明确依据上。所有这些都让我产生了这样的疑问:在更广泛的意义上，教学是否以及如何以证据为基础?我们如何从听障教师使用的这些依据中学习?

多年来，我认识了许多专业教师，他们的教育成果是卓越的。来自加拿大的丹尼尔·凌（Daniel Ling）教授给我留下了深刻的印象，他是聋童口语教学的国际专家。他写了许多关于提高聋童学习能力的文章，他向我介绍了发展性进步、评估、定向教学、正式评估和非正式评估的概念。

1989年，我从医学院换到墨尔本大学教育学院，因为我开始对那些在很小的时候就被诊断并植入人工耳蜗的学生们在新环境中的学习状况产生了兴趣，然后我成为教育学院院长，开始有机会将我对教师培育的观察付诸实践。教师培育似乎受到越来越多的批判，因为它过于注重理论，以至于脱离了现实世界。人们普遍认为，有些人天生就是教师。这一论断强化了这样一种观点，即教师培育对那些自然而然走进课堂的人来说是一种不必要的负担。培训过程被太多不必要的学术工作打断，无法真正在实践中应用。

2008年推出的“墨尔本模式”将所有专业课程都提升到了研究生水平，这为我们重新思考新的教学方法提供了机会。教学硕士项目（MTeach）作为对教师培育变革需求的创造性回应，于2008年启动。传统的教师预备项目由大学课程和有限、松散的专业经历或实践教学组成，在我看来，我们一直在重复着平庸。

教学硕士项目是一种范式转变，所培养出的新一代教师将成为干预学派的实践者。通过有效的校际合作，他们能够使用数据来识别和满足单个学习者的学习需求——就像丹尼尔·凌一样。“忘记你在大学里听到的所有东西，我会告诉你所有你需要知道的教学”这一传统理念被打破。这是墨尔本大学30多年来在聋人教育中采用的模式（更多细节见第七章），该模式在1970年至1980年期间发展出了听力学的循证专业知识。这本书提供了一个讨论这些问题的机会，这些问题对我作为听力学家和教育学院院长的发展至关重要。

约翰·海蒂

20世纪50年代到60年代，我在新西兰的一个小镇上长大，直到15岁才离开这个小镇。那里没有电视，主要的劳动力人口都前往了“海外”的另一个岛上。我的主要抱负是进入一个行当，我开始做一个画家和裱糊匠。哦，天哪，这份工作需要的技能很少，而我也没有这些技能。很明显，这不是我的人生目标，而且这份工作也不允许我在城外冒险。怎么出去呢？我了解到，如果你想成为一名教师，政府会付薪水培训！所以，我申请了，然后被录取，去达尼丁看看“大千世界”吧。

每小时我们都要签字，是的，每小时！在第一年末，我回家过圣诞节，收到了一封信，通知我已经成功获得了奖学金，可以去上大学。3年后，我获得了大学学位，我开始在中学教书。这是一次美妙的经历，我非常享受这一年，希望学生们能从我这里学到一些东西，这段经历让我决定继续做一名教师。但我更喜欢测量和统计，我获得了更多的大学奖学金以完成了一个硕士学位，然后申请攻读博士学位，并被录取。我的导师是世界上最好的因素分析理论家之一罗德·麦克唐纳（Rod McDonald），他在我身上看到了我自己都没有看到的东西，同时从他那里我也学到了很多东西，从而确立了我的新事业——测量方面的教学与研究。

像菲尔德一样，我是教师培育的局外人。令人惊讶的是，我的同事们对如何教育新教师非常确定，而他们对这种确定性的回答又是如此不同。我看到了微格教学、专业学校、学科知识的深度，以及许多变体。关于如何以最佳方式教育新教师，几乎没有评估，也很少有研究，而且大多数的观点认为，教育学校就像家庭手工业一样。我也像菲尔德一样，在三所大学里担任了20多年的教育学院院长，试图把研究的意识引入教师培育，但这确实是一项艰难的任务。

20世纪90年代末，我被任命为全美教师培育认证国家委员会（NCATE）的顾问，当时该委员会正在从更传统的教师培育方式向以标准为基础的方式转变。我是技术咨询组的一员，该小组正在建立全美专业教学标准委员会（NBPTS）的衡量标准。这两个项目让我对教师的发展和该领域研究的力量有了更多的了解，并看到（基于良好的测量）美国各地出现了一些令人惊叹的教师培育项目。全美专业教学标准委员会非常强大，因为它专注于最好的。我的首要任务之一就是分析数以百计在美国开发的专业标准，并审查了超过100个最佳中学英语教师的视频——当我从试图理解有效教学转向关注教师有效思考和决策的主要原因时，我了解到，没有衡量标准的标准一文不值，而最好的教师的教学方式几乎没有共同之处！

这些年来，我的一个爱好是探索自1976年以来吉恩·格拉斯（Gene Glass）提出的概念以及发表的许多荟萃分析（我自己也完成了许多荟萃分析）。综合这些荟萃分析似乎便是站在巨人肩膀上的更快方式——尽管我花了15到20年才理解这些数据的含义。2009年《可见的学习》出版后，我的写作和研究从测量转向了研究综合，尽管应用良好的测量和研究设计仍是我学术自我的核心。

作为一个测量者意味着经常要与政策和政治家打交道。2014年，我被澳大利亚内阁任命为澳大利亚学校教师和领导者协会（AITSL）的主席，这使我卷入了关于教师、学校领导人和教师培育者的辩论。作为澳大利亚学校教师和领导者协会的主席，连同我的《可见的学习》签售之旅一起，我总是对我们学校中如此优秀的存在感到惊讶——主要的问题是，为什么我们认识不到这种优秀？我们本应该研究、理解和提升这种优秀。我经常观察到，教师们拒绝承认他们自身或他人的这种优秀。这样的论调经常出现——“我们都是不同的”“我们的教学方式不同”“我们无法识别教师的优秀”“我们都是平等的”以及其他对教师职业的贬损。同样的道理也适用于教师培育，他们的口头禅更多的是“给我们钱就好，别来烦我们，我们知道真相”。

当被问及我想在我的政治角色里实现什么时，答案很简单——我想在教学中重新引入专业知识的概念。在墨尔本模式下与菲尔德和凯瑟琳的合作让我大开眼界，因为我回顾了这个项目的循证实践视频（详见后文），看到了学校里的值得兴奋之处。且值得注意的是，超过90%的毕业生声称他们通过该项目做好了成为教师的准备。对我来说，这本书是我在墨尔本9年思考、观察、辩论和享受当下的结果。

凯瑟琳·里德

有时我说我不知不觉地陷入教学的工作中，但实际上，我的职业可能永远围绕着教育。当我还是个小学生的时候，我创造了一个假想的世界——包括一整个学校的学生，他们的名字被整齐地列在我爸爸下班带回家的本子里。

毕业后，我获得了一个文科学位。然后我花了几年时间做办公室工作和旅行，直到“屈服”于一个教育研究文凭。我那一年的教师培训在很大程度上就是这本书中提到和批判的“传统”教师培育模式。我参加了大学的课程，且在一年的定期间隔中完成了实习，每一个实习都由一个3周的单元组成。和许多教师一样，我对自己的实习经历记忆犹新，对课程作业的记忆很少。我被安排在一所女子学校中一个关注性别和广泛包容性的班级，但我不记得我的课程作业和我在学校的教学工作之间有任何明确的联结。

作为一名中学教师，我与我的同事和学生建立了牢固的关系，这些关系一直是我工作的核心。在我早期的教学生涯中，我的一些课堂教学方法无疑是基于直觉，而不是基于“证据”或“数据”。在计划和实施课程时我不会有意识地运用理论，但是在几年的教学实践中，我意识到我的教学优势在于识别学生现有的技能和知识，并为学生学习发展的下一个阶段提供支持。我认为我的教学方式是有针对性的，无论是在课堂上，还是在与12年级学生一对一的交流中，让他们计划、起草和完善自己的英语写作手卷。对于一些高年级学生来说，他们写作发展的下一个阶段是创造一个更强的主题，或使用延伸的隐喻，或借用一个研究过的作者的风格。对另一些人来说，则是写一个连贯的段落，把观点联系起来，或改变和扩大词汇量，或提高校对技能。这很费时间，有时还很有挑战性，尤其是在一个有30多名学生的班级里。但是，当一个学生写出了令我震惊的优秀原创作品，或者当一个一直在努力写作的学生完成了一些超出他们（和我）最初期望的东西时，这是巨大的回报。回想起来，取得成功的关键是，我使用来自工作样本和其他来源的证据来指导我的教学，也来自我对学生的实际情况以及校外世界的了解。

时间快进到2008年，我在墨尔本教育研究生院（MGSE）工作了几年，在教学硕士（中级）的第一年，我负责协调专业实习的项目。在教学硕士首次交付的前一年，我参加了几场演讲，其间菲尔德和其他人公布了新的课程结构，讨论了学校实习如何与课程科目相结合，并强调“干预主义实践”和“循证模式”——这是我以前没有与教学联系起来的语言。我的角色要求我在墨尔本教育研究生院和我们的中学“基础学校”之间建立和培养校际合作，并协调基础的学术人员（循证专家）、驻校导师（教学研究员），以及数百名教师候选人（初任教师）的工作关系。

这些伙伴关系以及理论和实践的整合关键是一种共同的语言。我们需要与我们的教师候选人、我们的大学同事和我们的学校合作伙伴共同使用这一语言，我们需要在我们作为教师的工作背景下拆解它，理解它，特别需要考虑到挑战现有教学观念的新语言的发现。此外，课程评估任务的设计依赖于教师候选人自己的课堂实践。教学硕士（以及随后的其他项目）的关键是循证实践考试（CPE）的实施。循证实践考试的设计借鉴了菲尔德在医学领域循证测试的知识和经验，由芭芭拉·卡梅奈尔（Barbara Kameniar）博士和一个核心学科协调员小组领导，我很幸运能成为团队的一员。我们每周开会讨论循证实践考试的基本原理和要求，确定我们对语言的定义和概念化，如“循证模型”“干预主义者”“证据”和“实践”。我们将3个课程主题的概念、理论和研究与学科特定的教学方法和实际的课堂经验相结合，形成了一个理论与实践相联系的具体实例。循证实践考试有助于教师候选人在研究、理论和证据的运用以及他们对学生的了解和共鸣的基础上，在实践中发展评价性思考。作为一项口头任务，它要求教师候选人使用循证教学模式的特定语言清晰地表达他们的实践，这种实践的表达是将教学作为一种职业的基础前提。此外，由驻校从业人员和大学学术人员组成的循证实践考试顾问之间的紧密合作和专业对话是循证实践考试的另一个重要组成部分。循证实践考试模式已被几个合作学校采用，教师采用这一模式作为展示自己专业发展的媒介。

在过去的13年里，整个教学硕士和墨尔本教育研究生院课程的评估任务和科目的设计经历了重大的发展和概念化重组，学术人员已经承认并整合了循证模式的关键方面。与菲尔德和约翰一起写这本书的经历让我反思了我对循证教学模式的入门和后续投入，以及“教师思维”是如何在实践过程中得到巩固和转变的。

第一部分

Part 1

教学职业的关键转折点

第一章

为什么要关注教师的专业成长?

在许多方面，学校教育与过去150年来存在的流水线模式是一样的，学校在外观、感觉、操作和提供课程方面的这种稳定性被称为“教育的文法结构”。即使瑞普·凡·温克尔（Rip Van Winkle）或查尔斯·狄更斯（Charles Dickens）从19世纪回来，他们也能辨别出过道、年纪划分、教师站在前面说话、铃声、忙碌的工作和黑板（或类似的东西）。

自19世纪80年代以来，大多数西方国家引入了义务教育，并向这些学校投入了数万亿资金，聘请专业教师和学校领导，将儿童按年龄分组，制定了政策文件，并向父母保证教师会用心教育他们的学生。目前，全球每年在学校上的支出至少为33760亿美元:其中56%用于工资，40%用于建筑，4%用于教育产品、资源和专业学习。这项教育投资的回报是积极的，在1900年，世界上只有20%的人会识字和计算，而到2000年，只有14%的人是文盲和数学盲（见图1.1）。这种从20%到86%的显著飞跃肯定超过了文艺复兴时期或古希腊黄金时期的任何增长和影响——而这主要归功于教师。

以数据看世界

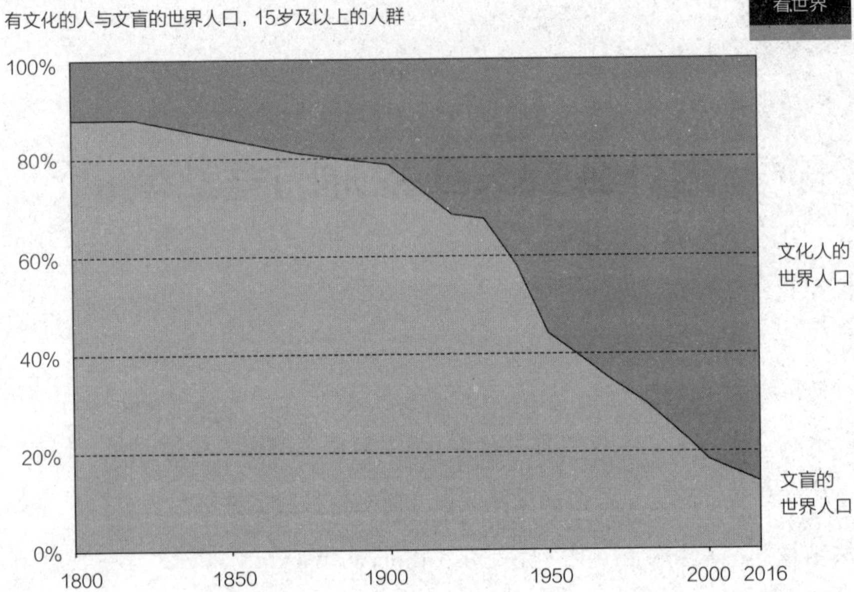

图1.1 1800—2016年世界文盲率

当然，仍然有太多的学生被忽视了，这个体系中存在太多的不平等现象。如果要提高所有人的受教育程度，我们还有很多工作要做。

自19世纪80年代工业化模式出现以来，150年的时间里，教育模式经过了多次改革与创新。正如泰克（Tyack）和库班（Cuban）所指出的，我们一直在朝着乌托邦修修补补。这种工作场所产业模式对我们很有帮助，但如今对学校和教师的要求更加广泛和深入。教师有责任培养学生的社交和情感健康，教授适应新时代的实用技能，培养学生对自己和他人的尊重，减少欺凌，培养文化敏感性，等等。

大量证据表明，教育的工业化模式正在破裂。以过分强调问责制为例，把学校视为社会弊病的解决方案的做法通常以不正当的方式扰乱了教师的日常工作，或者倾向于用标签来解释失败（“他们来自贫困家庭”“他们有这种病”“他们来学校时没有正确的动机”）。通常情况下，人们会把失败归咎于教师，抱怨不严格的教师筛选制度和缺乏培训与专业知识的教师团队。提出的答案往往暗示着教师可以被简单地取代，例如主张计算机取代教师，增加学校中专业辅助员的数量，更看重经验而不是专业知识。

正如本书将讨论的那样，成功的学校教育与其说与学校的结构、课程设置、班级组成、评估等有关，不如说是与教育工作者的专业知识有关。这些结构性问题都发挥了作用，但与教师的专业知识相比，它们是次要的。我们并不是在宣称“一切都取决于教师”，因为这将忽略资源、条件、薪酬、学校领导和质量方针。我们不是在捍卫教师皆平等的主张，虽然有必要制定一个可接受的最低标准，但我们的论点是，我们需要一个高于这一最低标准的教育职业。所有的教师都需要做好课堂准备，并且也需要在专业知识上有所成长，即使不是高度成就，至少也要精通。那些成就卓越、对学生（及其同事）具有更高影响力的专业教师应该向社区和政策制定者展示他们的专业知识。他们需要在学校的质量保证过程中有重要的发言权，需要参与其他教师的指导。对专业知识的理解和掌握是一项职业的品质和核心。于是，这本书应运而生。

需要一种赋予专业知识特权的新教育模式

学校教育的一个主要目的是让每个学生都有机会拥抱和准备好迎接生活、工作，并拥有为这个世界做出贡献的技能、性情和道德。我们已经走过了21世纪的五分之一，今天开始上学的年轻人将成为未来的领导者，他们有责任决定如何为22世纪做好准备。

这本书是关于教师的：他们的工作、教学职业和他们的专业知识。专业教师是变革的驱动力，专业教师承认并尊重学生的能力和潜力，激发学生的学习热情，并为学生提供安全的学习环境，让学生抛开对错误的恐惧，自信面对学习和人生。在专业教师的带领下，知识、美德和必要的价值观得以在全社会流动。

这本书也是关于学校的：学校需要进化。学校需要承认、可靠地识别，知道如何利用教师的专业知识来提高行业的专业度，并且为这些专业教师创造与其他教师合作的机会，让专业教师成为影响学生的关键参与者。

作为西方世界的一个例子，澳大利亚拥有强大的教育体系和长期致力于教育的优秀教育家。然而，自2000年以来，尽管大多数学生取得了学业上的成功，但与经济合作与发展组织（OECD）的其他国家相比，他们的学业成绩不容乐观。这表明，澳大利亚学生和学校的进步速度不如其他国家，许多学生未能充分发挥他们的学习潜力。几乎每次审查开始时都预示着这种绝对和相对的下降，但几乎没有政策阻止或扭转这种趋势。也许最严重的问题是自满，认为现有的教育系统对澳大利亚人是足够的，所以需要的只是一些修修补补，让它更好一点。因此，现在需要采取行动并做出新的努力，以提高学校教育成果，使所有学生接受与当今他们所浸没在的、快速变化和相互联系的世界相关的世界级教育。

在过去的10年里，尊重教师专业知识的基础已经奠定，许多国家都拥有自己的一套针对教师和学校领导的专业标准。在澳大利亚，联邦政府和州政府为教师、校长和教师培育者制定国家标准。所有的教师被划分为毕业级、精通级、杰出教师和领导教师，在全国范围内出现了一批成就卓越、具有领导能力的教师，这些优秀教师形成了一个网络。他们的数量和影响力得到了极大提升，稍后会更多地讨论。

与此同时，许多西方国家的学校教育正面临着挑战。其中一个挑战是要求提供证据，证明在教育上的巨大投资能带来多少回报，另一个挑战是过度教育。学生被要求在毕业后立刻胜任工作，这使得许多人宣称应该减少对教育的投资，或者应该鼓励组织自行承担专业培训，这可真是一个令人担忧的主张。

卡普兰（Caplan）认为，获得学位是一种表明获得证书而不是学习技能的信号。学生们渴望通过获得学位来表明自己学会了相应技能，因为这正是劳动力市场所需要的。卡普兰的极端观点认为，大多数超出掌握基本识字和计算能力的教育浪费了时间和金钱，因此政府应该大幅削减教育补贴，并积极阻止这种教育倾向。学校教育有时被认为无法产生有价值的产出，大多数高中或大学里教授的主题和内容几乎不被劳动力市场所需要。学生争取的是学位，而不是学位的内容。卡普兰提出了这样一个问题：你是想获得博士学位却不花4年时间学习，还是想花4年时间学习却拿不到学位？大多数毕业生想要前者，因为这是雇主的要求。获得学位的信号，导致学习的真正意义无关紧要。

卡普兰将他的“无用教育的普遍性”总结为：

> 永不停息的表面变化创造了易变性的错觉。学校采用新的历史书、将中文普通话加入课程目录、玩弄技术，大学生们如今可以在上网课时在宿舍里玩手机。然而，不管外表上的变化积累了多少，学校的本质是永恒的：学生们花了10多年的时间学习一堆毕业后不会用到的枯燥内容。

也许问题不在于过度教育，而在于正确知识的教育不足。现实是，我们中的许多人在毕业5年内就忘记了我们在高中或大学所学的东西，超过50%的成年人在基本的定量问题上不能达到中级或精通水平（该水平任务的一个例子是计算从目录中订购特定办公用品的总成本），30%的理科毕业生不知道原子比电子大。认识到这一现实对那些一开始就落后、努力追赶的学生，或者那些没有机会成为“拿到文凭”的一部分，因此没有资格就业的学生是重要的。

重新定义学校教育

考虑学校的作用，以及同样重要的教师的作用是有道理的。现在雇主需要的技能有很多，比如协作、团队合作和培训他人的能力——但这些技能已经发生了变化，或者更准确地说，已经增加了。但因为大多数招聘广告仍然希望求职者事先“懂得一些事情”，因此尽管我们的教育系统还没有赶上，并且还需要严密的审查，这里也没有理由减少教育投资。莱文（Levin）表明，学校教育的一个主要目的是让学校有足够的吸引力，让学生想来加入其中，让学习的时间变得更有意义和价值。

许多指标表明，是时候进行一场教育革命了，或者至少是一次重启。我们之所以说“许多指标”，是因为在较发达的经济体中，某些指标的涨跌并不统一。例如，国际学生评估项目（PISA）是经合组织成员国之间的一项协作项目，以衡量15岁的年轻人，也就是即将结束义务教育的年轻人，是否准备好迎接当今知识社会的挑战。从2000年到2015年，在阅读、数学和科学方面，国际学生评估下降幅度最大的国家是英国、瑞典、冰岛、澳大利亚、斯洛文尼亚、新西兰、芬兰、荷兰、捷克和斯洛伐克，而增长幅度最大的国家是保加利亚、拉脱维亚、俄罗斯、塞尔维亚、德国、卢森堡、波兰、葡萄牙和黑山。有一些回归到了平均值，因为那些显示出改善的国家通常初始值低于国际学生评估平均值，而那些显示出下降的国家起初高于平均值。然而，也有例外情况表明，上升和下降的解释可能更多地与政策有关，例如，德国、俄罗斯、新加坡、中国香港、丹麦和挪威都在2000年高于平均值，并继续上升。

在过去的10年中，许多发展中国家的经济增长已经复苏，但发达经济体的增长却停滞不前（经济合作与发展组织，2012）。经济转型和财富转移加剧了不平等，大规模人口流动导致社会凝聚力破裂。经合组织强调“通过包容性政策议程实现公民参与”和“实现长期可持续增长的社会凝聚力”等关键需求，有迹象表明，社会凝聚力在许多西方国家接近临界点。日益多样化和多元化的社会需求和教育实践鼓励共同的公民意识、社会凝聚力和韧性，并依赖辩论和讨论作为解决问题的方法，教师和学校担负着重大责任，压力由此增加。

很多时候，答案就是为学校起不同的名字（特许学校、信托学校、学院），很讽刺的是，这些建议的答案中有许多回到了最初的模式：模仿工厂模式的教科书驱动、过度控制。随着家长在选择学校上追求更多的控制，公立学校的替代品越来越多。澳大利亚学校系统和其他地方的高绩效系统之间的一个关键区别是，澳大利亚公立学校以外的小学和高中的比例相对较高——约35%的学生在非政府学校就读（经济合作与发展组织，2015）。这种区域多样性的结果是学校之间的竞争，而不是合作。它在社区中导致了许多关于择校的不健康的争论，这就意味着，一些学生有机会选择各种各样的学校，而另一些则不能。这种选择往往与品牌宣传有关，而这些宣传大多是关于美丽的建筑，如大型体育场馆和表演中心。这种选择问题的争论是干扰性权术的一个经典例子。

麦克肯多斯（McCandless）分析了学校网站，发现给家长的信息存在重大差异。在社会经济地位较低的公立学校中，学校被认为提供了成功所必需的一切（现代课程、训练有素的教师、教学技术），以及明确的纪律和制度。经济地位低的学校强调自律，学生们看起来更严肃，被摄影师摆出各种姿势拍照。但经济地位高的学校，学生们看起来更自然，在照片中笑得很开心。高于平均社会经济地位水平的公立学校更有可能在教师不在场的情况下展示学生的协作能力，并注重培养人际交往能力。精英私立学校强调团队以及尊重学生。少数族裔学生总是作为关注的中心，白人学生呈现出帮助少数族裔学生的姿态。

学生的经历

成绩最好的学生和成绩最差的学生之间总是存在差距，并且永远不会出现所有学生都高于平均水平的情况。在大多数发达国家，学校之间的表现存在相当大的差异，但学生成就的最大差异是在学校内部，许多班级存在跨越了五六年的学习差距。然而，人们必须对许多“缩小差距”的说法持谨慎态度，因为这可以通过降低前30%到40%的学生的分数来实现（就像澳大利亚正在发生的那样）。考虑到优等生和差等生之间总是存在差距，我们宁愿改善所有学生的学习生活，并确保每个学生，无论他们从哪里开始，在一个学年中至少获得相应的学习增长。

每个学生从进入世界以来都有独特的学习经历，在他们所看到和理解的世界中形成了自己对世界的认知。然而，一个班级的学生被视为同质的年龄组，遵循同样的指导，与在13年的学制中不断演变、由经历过类似过程的专家设计的课程保持步调一致。这种模式没有考虑到每个教室都存在的个体差异。在任何年纪群体中，往往都存在巨大的差异。事实上，可以这样说，第4年意味着在那一年有4年的息差，第10年意味着10年息差。然而，大多数课程都是按照学年水平来包装的，就好像该学年的所有学生都是一样的，任何没有达到该水平的学生都被贴上了问题的标签。这导致了很多针对每学年中位群体“预制知识”的实施，这对本学年内大多数学生来说是不相关的、办不到或太容易的。

还要考虑詹金斯曲线（见图1.2）。李·詹金斯（Lee Jenkins）跟踪了学生上学热情的变化，可以看到1年级学生高达90%对上学的期待度，到8年级学生48%的学习热情。想象一下，一个只有30%到40%的员工参与工作的工作场所，产出将是可怜的。员工的流动率如此之高，首席执行官也会受到严重质疑。但无论如何，学生们都必须来学校。

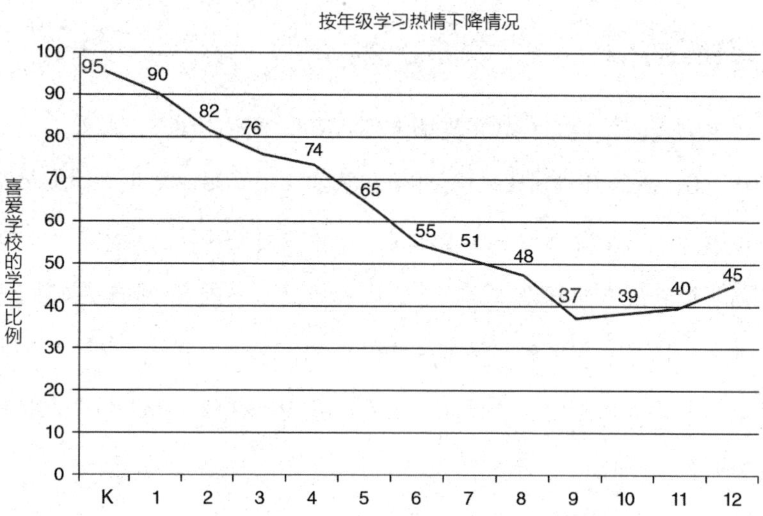

图1.2　各年级学生学习热情下降的詹金斯曲线

学校的参与对社会凝聚力和学生的成功至关重要。如果学生无所事事，他们就不太可能在学校最大限度地利用学习机会。我们的目标应该是大幅提高接受教育的学生比例，重点应该考虑如何让学校变得更有吸引力，让学生参与学习。

学校通过多种方式实现参与性：课程创新，将学校内外的所有成员联系在一起的强大文化，把学校塑造成一个吸引人的学习场所，一个对每一个学生都有深切关心和支持的地方。学校必须让学生对学校和社会有强烈的归属感，学校不仅要关注学生的头脑建设，也要关注学生的心灵健康。

在本书中，我们认为这是可以做到的，事实上，现在很多课堂和学校正在这么做。重要的是理解使其发生的动力，然后将其扩大。毫无疑问，一个主要的动力是充满激情的教师，他们对所有学生都能在课堂上成长和成功抱有很高的期望，这种期望体现了一位教师的专业素养。

教育协作的重要性

有影响力的教师能看到学生的潜力，尊重学生的能力，激发学生的学习热情，创造安全和愉快的学习环境。教学质量是影响学生学习的最重要的可控因素。贯穿全书的一个主题是，学校教育的成功在很大程度上归功于教师所拥有的专业知识，而许多教师具有高水平的专业知识。没有必要摧毁现有的体系，或者从一系列关于学校的负面言论开始。相反，我们需要有足够的勇气来确定、尊重和重视专业知识，并致力于提高而不是贬低那些不那么精通的人。

扩大成功需要协作，要将教学转变为一种备受尊重的职业，需要学校的劳动力队伍围绕协作教学团队而构建。这些协作团队似乎是一个有效职业的必要条件（参见第六章）。这种协作的重点不仅适用于课程和评估计划，还包括考虑什么是合理的和高的期望，以及如何带来好的影响。协作包括确保优秀的课堂实践被真正地实施，并共同评估教学对学生学习的影响。

教师专业知识和循证实践

人们强烈希望建立平等的学校制度，满足所有学生的需求，而不论其社会经济地位、性别或能力。2016年，澳大利亚首次发布了残疾在校学生全国统一数据收集。这次普查确定了20%的学生属于广义的残疾类别，并声称需要对他们的教育进行特殊调整。这一观点得到了另一组数据的支持，即澳大利亚早期发展普查，这是一项针对儿童进入全日制学校第一年发展的全国性测量。这次普查发现，20%的学生在至少一个发展领域存在发展弱势，这可能会影响他们入学后的学习。每个班级超过20%的学生有额外的需求，包括扩展、加速、增强和专门的帮助、支持和调整的需求。教师面临的挑战是在学生的发展过程中满足所有学生的学习需求，而不是针对整个班级的中等群体进行教学。

例如，听力受损的儿童面临着特殊的挑战，因为除了一小部分人，他们能听到的声音范围很有限。绝大多数学生上正规学校，发展良好的口语水平。少数人依靠手语，并得到普通学校的手语翻译或特殊学校的手语教师的支持。听障儿童能听，但不能“偷听”，也就是说，他们不能偷听其他的讨论，因为他们需要专注于一个特定的演讲者，尤其是教师。此外，这些学生学习是因为教师做了什么，而不是他们做了什么。聋儿教育是一项复杂的任务，但在某种意义上，它比一般的学校教学任务更从容，因为进展情况可以得到具体的确定和监测。教师的专业实践可以专注于学生个体，并基于学生当前的表现和发展需求的明确证据，这是一种循证实践。

所有这些都给我们提出了一个问题，即如何更普遍地使教学以证据为基础。多年来，我们认识了许多专业教师，他们的学生取得了优异的学习成果。其中最特别的是来自加拿大的丹尼尔·凌教授，他是聋童口语教学的国际专家，他曾经写过一篇提高听力受损儿童学习能力的文章：

> 有关的成年人必须提供精心设计的情境，以促进语言沟通技能的习得。这意味着他们必须计划活动——尤其是社会互动——以实现选定的具体目标。这种活动中的有针对性的行为必须为学生的进一步发展提供基础，巩固之前学习的技能。成年人必须监督学生的进步，并将他们未来的活动建立在学生通过他们的努力所取得的成绩之上。

凌的教学是基于一个坚定的信念，即每个学生都可以学习。他设定了最高的期望，他的方法是发展性的。他是一名干预主义教师，证据评估指引着他的教学，他追求在多年的学校教育中持续成长，这位专家的教学过程是例外还是常规？这需要成为常规。

结　论

许多关于这个问题的报告、书籍和文章通常以强调问题、差距和不足的悲伤声明开始。通常，这种令人沮丧的开头只是为接下来的章节提供一个理由，这些章节概述了最新的首选答案。在这本书中，我们从相反的角度出发。我们承认我们周围的优秀和成功的教学和学习。我们的目标是找到这一成功的核心组成部分，尊重它，赋予它权利，并确定如何扩大这一成功。优秀的教师和优秀的学校应该是精心设计的，而不是偶然的，所有的学生都应该享受这种成功。

学校和教师的目标是提高学生的学业成绩和参与度，使学校成为有趣的和安全的学习场所。教育工作者要对每一个进入校门的学生负责，至少要为他们对学习的投入负责，一年的学习要有一年的成果，无论每个学生的起点是什么。对于所有教师来说，“一年的学习”意味着学会什么是一个重要的问题，这需要成为一个值得讨论的概念。

第二部分

Part 2

教师专业知识的本质

2

第二章

教师的专业知识和学生的中心定位

这本书的主张是，教师以他们的专业知识来区分——而且有很多证据支撑这种专业知识。本章概述了教师专业知识的许多领域，以及教师所需要的知识和技能的广度与深度。

在18世纪早期到中期的学校教育初期，强调的是基本技能。到如今，这种强调仍然伴随着我们。然而，在过去的150年里，对教育工作者的需求呈爆炸式增长，尤其是在过去的二三十年里，对教育工作者的期望呈指数级增长。与此同时，学校的基本结构几乎没有改变。尽管有这种失调，教师们还是取得了很多成功，体现出了他们的适应能力、专业知识和领导力。但是，在今后的发展中，对教师们的期待增加是否合理?

虽然有很多个体化或个性化学习的主张，但这些主张大多都失败了。原因很明显，学校只是一个小型社会。我们生活在群体中，我们希望学生们学会珍视并运用宝贵的知识，尊重自我和他人，在社会中生活。做到这一切要求教育工作者具备专业知识，在与学生群体合作的同时关注每个学生的学习能力。

直到19世纪，大多数学校都是个人教育，即私人教师。大众教育的增加可以追溯到贝尔（Bell）和兰开斯特（Lancaster）的监督模式，该模式将知识划分为课程科目，并根据能力对儿童进行分组（但很快就转变为按年龄分组）。脚本化课程出现了，当学生熟练掌握这些课程中所包含的知识时，他们就进步了。因此，逐渐形成了今天的以自我为导向、以掌握为基础、朋辈学习、脚本教材、按能力分组、按年龄分班的模式。

个性化教学一直以来都在被动向前，每一项技术创新（黑板、日常开支、电脑）都被视为实现个性化的下一个解决方案。对特殊需要的学生最有效的方法对天才学生也最有效，对5岁的学生最有效的方法对15岁的学生也最有效，对法国学生最有效的方法对美国学生也最有效，等等。虽然有些人可能很难接受，但这些学生的个人属性和教学方法之间的交互作用确实存在着。这并不是说学生不是独一无二的——事实上，他们是独一无二的，但不管大多数学生的个人属性如何，最有效（或最糟糕）的方法都是相当恒定的。

此外，为不同的学生提供不同的活动也是大众对于个性化和差异化教学的误解。差异化的主要倡导者将其定义为允许通过不同的路径和不同的时间来达到相同的成功标准，后一种概念化对学生学习的影响更大。

为每个学生考虑，推进和加快每个学生的学习是教学的核心。巴沙姆回顾了个性化学习的45项实证研究，指出这些研究中很少有评估个性化学习对学生教育成就的影响。表2.1显示了9个荟萃分析。表中包括研究年份、研究数量、效应数量以及实施个性化学习方法的平均效果大小（d）。将表2.1中的效应大小与包含300多种影响的1600多项荟萃分析进行比较，可以看出这些影响确实非常低。

表2.1　个性化学习研究的荟萃分析

	年份	研究数量	效应数量	效应规模（d）	
哈特利	1977	51	139	0.16	数学学科中的个性化学习
霍	1981	60	129	-0.07	数学学科中的个性化学习
威利特、山下和安德森	1983	130	131	0.17	个性化科学课程
班格特、库利克和库利克	1983	49	49	0.10	高中阶段的个性化学习
韦克斯曼、王、安德森和沃伯格	1985	38	309	0.45	调整策略（个人、连续性评估、定期评估）
阿塔什和道森	1986	10	30	0.09	个性化科学课程
米切尔	1987	38	39	0.19	数学学科中的个性化教学
塞尔文、雷克、戴维斯和马登	2011	20	20	0.31	阅读的一对一辅导
君、拉米雷斯和卡明	2010	12	19	0.26	读写能力的一对一辅导
总/平均		408	865	0.18	

在本章中，我们简要地追溯儿童发展的各个阶段。我们注意到，当学生逐渐发展自己的识字和计算技能，获得更深入的知识和理解学习的力量时，教师也需要不断提升自己的知识和技能水平，这样他们才能教育并有效地与学生合作。

这一切引发了一些问题，即教师是否拥有处理所有这些因素的专业知识，是否拥有满足每个学生需求的中心定位。

教育成为一种义务

正规教育是一个古老的概念。在公元前800年的斯巴达，教师（通常是奴隶，但后来是受过一些训练的教师）护送学生到学校。到了18世纪的前几十年，来自社会各阶层的学生在私立和慈善学校就读的人数不断增加。义务教育法的颁布迅速提高了入学率，工业的快速发展提高了对人读写能力和计算能力的需求。这意味着减少学生们在工厂的工作时间，从而允许更多的时间花在学校。

19世纪70年代，英国、美国、澳大利亚和新西兰都加快了强制入学的步伐，这也导致了对教师专业知识和能力的日益重视。曼恩花了很多时间考虑如何吸引“最有才华和道德”的人从事教学职业。他认为，做到这一点的最佳方法是大幅提高教师的工资，并使教师更专业。他的理由之一来自经济方面，即惩罚最小的盗窃行为所花费的费用，超过了我们学校目前一个学生一年的教育费用。这使得教育培训发展起来（例如，上面提到的英语监督系统，年长的学生教年轻的学生），并且建立了相应的工会和专业协会。学生人数的增加意味着对教师的需求迅速增加，而标准可能没有很多人期望的那么高。随着标准的降低，教师的地位也不断下降。官僚机构开始颁布关于教什么和如何教的法令，并引入了标准化，目的是为课程和教师维持一套最低标准。卡茨将这种官僚化的过程概括为：从一个以家长意志为基础的体系，到一个以地方主义为基础的体系，再到一个初期的官僚体系。

难怪现在有人请求自治，要求更多的自由。然而，自治的背后可能隐藏了许多不良的实践以及对学生的消极影响。自治可以理解为将某些任务从一个管理层次下放到另一个管理层次，例如从学校领导下放到教室里的教师。

自治包括多种形式，其中政治自治最为常见。民选的政治家对选民负责，为公众利益服务。这种自主权形式自20世纪90年代以来急剧增加，政府开始承担起推动学校教育的责任。除此之外，还有市场自治，消费者（家长）选择学校，可以参与学校治理。为了使一个组织能够有效地执行，官僚机构有承担任务的自治权，这种形式的控制自20世纪80年代以来已下放到学校。过去，中央机构向所有学校分发表格、公式和标准答案，但现在这些都消失了，取而代之的是忙碌的学校领导。还有一种社会自治，它依赖于达成一致的目标。政府坚持愿景与宗旨，并严格履行学校发展计划。这种形式的自治建立在所有人都致力于目标的基础上，并且教育者会尽其所能地促成这些目标的实现。

课程和项目自主权在不同的国家或地区呈现状态是不同的。在一些国家或地区，教育决策只涉及资源配置而与课程和评估无关（如智利、匈牙利、瑞典、保加利亚、迪拜、上海），而在另一些国家或地区，教育决策与课程和评估高度相关（如日本、韩国、新西兰、中国香港、泰国）。

教师有教学自主权，可以按照他们认为适当的方式教学。在一些国家，有教科书、教案和过多的工作表；而在另一些国家，自主性激发了教师的创造性和创新性。然而，教学在过去150年里几乎没有改变，教育的文法结构烙印在每一次新的创新上——说话方式、实践和以内容为主导的课程。

扩大教育成果

在过去，学校教育允许事实学习。查尔斯·狄更斯在《艰难时代》一书中完美地总结了这一观点：

> 现在，我想要的是事实。除了事实，什么都不要教这些学生。生活中只需要事实，其他什么也不要播种。人只能在事实的基础上形成

理性动物的思想，其他任何东西都不会有任何帮助，这是教育学生的原则。坚持事实，阁下！

如今学校需要教授的东西太多了，在学科知识和基本认知之外，还要教会学生尊重、韧性、认可、互惠、推理、责任、人际关系。教师应该培养学生的社交、协作、身体、情感以及认知等属性，但教师自身的需求和技能提高却被忽视了。

关于课程的内容和性质一直存在争论。在大多数情况下，期望教授的内容，也就是教师所知道和理解的内容的总量是巨大的。今天，学校面临着另一系列全新的要求，包括健康教育、休闲时间教育、职业教育、家庭教育、消费教育和生活教育！而这些要求甚至在1939年已经提出了！

在英国，小学教师被要求教授科学，设计和技术，历史，地理位置，艺术和设计，音乐，体育教育，宗教教育，个人、社会和健康教育，公民身份，一门现代外语以及性教育。课程委员会提供标准、规程、资源、教案、教材等。在课程陈述和学习过程中，通常有更高阶的原则，这些原则允许教师更好地选择正确的教学主题、时间和深度。

在强调高阶原则的文件中提到“课程的开发是为了确保学生获得完整、连贯的学习经验，有助于他们的个人、学术和专业学习和发展”，“课程的设计应该着眼于学生应该知道什么，能够做什么，并支持教师实现这些目标”。然而，这些陈述和理想在决定每个领域应该覆盖什么、覆盖多少以及覆盖到什么层次方面并不是必要的。

我们应该选择领域来使学生获得超越他们经验的知识，即获得他们如果不来学校就无法获得的知识。这样的知识不仅是共享的，而且需要努力获得，课程需要优先发现、讨论、测试和评估宝贵而强大的知识。这些知识使学生能够更好地进入人生的下一个阶段——社会和工作，并从中获益。拥有知识促进了社会的公平与进步，使人摆脱被轻易支配、灌输和屈从的命运。这种观点并不是在捍卫由教师讲授事实的传统概念，而是在提出论点、给出理由，并在适当的情况下提供证据。

有些人认为，有了谷歌、Siri之类的软件，我们不再需要那么多的知识，而是需要更多的技能来处理信息。但随之而来的是不公平，互联网上良莠不齐的信息可能会把真正的事实隐藏起来，它可能会否定那些不知道什么该知道、什么该搜索、什么该评估的人。学校教育的结果应该是既知道做什么，又知道如何做。对于专家来说，他们可能已经很难分得清“技能之知”和“事实之知”。但对于学生，未知的一切在他们面前展开。学校教育的一个目的就是教会学生们把“事实”和“技能”结合起来。当我们能回答为什么的时候，我们对学校教育的目的就会有一个更合理的认识。

20世纪40年代，吉尔伯特·赖尔（Gilbert Ryle）对“知道太多导致的惰性思想”提出了警告。他指出，一些想法只是被接收到大脑中，而没有被利用，或测试，或被扔进新的组合。赖尔希望学生们“知道”，但也希望他们“知道如何”。换句话说，这不仅需要智慧去发现真理，也知道如何应用它们。这不是一个无限的过程，而是减少一些额外的知识。“知道如何”是指你声称知道如何做某事（例如，骑自行车），而“知道”是指你声称知道某事是正确的（例如，解释如何骑自行车的物理学）。你需要想法和事实，然后才能使用、关联和扩展这些想法。

当前的就业市场不再那么迷恋学生掌握大量信息，而要求他们拥有更多技能，如沟通、人际关系以及妥善处理问题。教育的目标是不断变化的，这本身既是已知的，也是未知的。

几个世纪以来，关于我们如何思考和思考什么的争论一直在进行。亚里士多德（公元前384–前322年）声称，至少有四种认识的方式：做，通过示范，凭直觉和通过实践推理。21世纪的技能有很多变化，它们通常包括创造力、批判性思维和解决问题的能力，以及沟通和协作能力。21世纪的框架对能够或应该传授这些所需技能和成果的方法保持沉默，它没有促进特定的学习或教学策略。

教师不仅被要求灌输这些知识主张，而且要教育学生去处理、思考、使用、联系和扩展这些主张。此外，我们注意到高于平均水平的学生似乎更喜欢关注思想和事实，且学生（以及许多成年人和雇主）的看法是，“知道很多”代表着能力强以及容易成功。在我们的学校里，“事实之知”的现象太多了。

个人与集体的关系

教师面临的一个主要问题是个人与集体的问题。一方面，教师被要求按照每个学生的独特属性、需求、进步、学习方式、兴趣、发展、家庭、抱负等因材施教。另一方面，学生被分成小组学习。处理小组问题是教学艺术的核心，正如我们在第一章中讨论的那样，有很多证据表明这种努力取得了显著的成功。然而，这是一个持续的问题。

人们一直在寻求方案来解决这一困境，主要表现为缩小班级规模，但这并不是一个成功的解决方案。许多关于班级规模研究的荟萃分析表明，这种昂贵的政策是积极的，但其影响非常小。缩小班级规模没有产生重大影响的原因是，当从大班转向小班时，教师通常不会改变他们的教学方式。

如果他们真的改变了教学方式，缩小班级规模的影响可能会大些。这里的重点不是提倡任何特定的班级规模，而是要注意，群体中的个体差异几乎没有受到班级中学生数量的影响。

另一种解决方案是个体化教学，包括互联网、教学机器、自适应学习等。同样，当通过个性化的课程教学时，效果是积极的，但对成就、自尊、批判性思维能力的影响很小。教师需要在课堂中适应个体差异，并在教学方法中使用差异化，以适应学生可以采取的不同进展，满足课程的成功标准。

此外，还有一种说法，即“学生的中心定位”并不意味着每个学生都是一个孤岛，也不意味着每个学生都是独一无二的，没有共同之处。它承认学生可以在更大的群体中学习，也可以在更小的群体中学习，甚至可以单独学习。这意味着教师需要把每个学生放在最大限度地学习的中心，但不要求特定的教学方法或教室配置。它也认识到学生现在和将来都将生活在社会环境中，学习如何向他人学习，并通过与他人合作建立重要的社会技能。

学校是小型的社会

在任何一个班级，学生的能力、文化、语言、社会经济背景和来学校学习的意愿方面都可能有很大的多样性。教师可以根据学生的能力、兴趣或随机分组，尽管仍有很多全班教学。在英国，90%的时间里，学生们坐在一起，独自或合作学习。这意味着教师需要专业知识来准备和参与与学生个人和学生群体的互动。

如今的许多课堂上，学生很少是排排坐的，他们通常是围成一圈。当他们单独完成练习和复习任务时，当他们成对地讨论和交流新的观点时，当他们组成小组来丰富和扩展他们的理解时，学习会得到优化。库特尼克和布拉奇福德对学生分组进行了最系统的研究，他们的发现包括：

- 小组的规模和分配的学习任务/互动之间没有什么关系；
- 教师主导学习活动，他们很少给学生提供机会，让他们共同构建和进一步发展自己的新知识；
- 分组环境在社会上是排他性的，而不是包容性的——这些分组的组成主要是同质的、同性的友谊和相似的成就水平；
- 教师和教室里的其他成年人经常与个人合作，即使面对着整个班级；
- 学生很少有机会进行互动任务，他们可以从教师那里自主学习，但只有少数人在承担学习任务时能得到教师的注意；
- 教师在大的群体中主导新的认知，可能不能让一个班的所有学生都参与进来，也不能让学生之间进行密集的认知和交流互动；
- 教师很少为小组讨论提供技能支持或培训。

当然，这并不意味着所有的教室都是如此。正如库特尼克和布拉奇福德在他们的研究中所表明的那样，当学生和教师之间以及学生之间发展出一种强有力的关系方法时，两者都可以从小组讨论中获益无穷。这种支持性的关系创造了一个敏感区域，在这个区域里，学生们建立起彼此之间的信任、交流和合作机会，这将促进课堂学习——即使他们不是在教师的直接指导下学习。当支持的关系存在时：

- 学生们更有参与性，在团体活动中表现出更高的参与度；
- 学生们在小组中表现出更多的联系，将注意力集中在小组成员和他们分配的学习任务和小组讨论上；

• 学生在解决问题时使用对称的、合作的沟通方式；

• 学生运用更多的高阶认知进行推理和思考；

• 教师在任务介绍和任务聚焦的过程中花费的时间减少，因为学生群体之间相互解释任务过程，对教师的依赖性降低；

• 随着学生们在小组作业中更加专注于任务，教师们需要做的是监督，而不是控制他们。

教师的角色从注重建立与学生之间的信任关系和技能，演变为以认知为基础的监督和支持小组内的学习，而不是直接教学。因为小组被微妙考验着，且基于关系和支持的原则，他们更能够超越内容进行深层次的思考。这种高水平的认知思维，正是提高阅读、数学和科学等学科成绩的基础。在课堂上，少了教师们的主持，少了给小组成员分配个人任务，更多的是互相评价和支持，教师们在小组中走动时扮演的角色更多的是引导而不是指挥。

在教师和学校领导之间建立信任关系是学习型组织的优秀标志。正如布里克和施耐德所指出的那样，关系信任构成了一种结缔组织，将个人结合在一起，共同促进儿童的教育和福利。他们也非常强调有技巧的学校领导人的存在，他们积极倾听各方的担忧，避免专断行动。

学生的成长与发展

随着学生的成长，他们的大脑发育、社交能力，当然还有他们在语言、计算和许多其他领域的学习都发生了重大变化。

博尔顿和海蒂追踪了儿童从出生到20岁的大脑发育——这是大脑功能在生理和心理上发生重大转变的时期，他们发现大脑中的这些变化与皮亚杰的儿童发展模型非常相似。皮亚杰提出了一个四阶段模型。从出生到两岁的感觉运动阶段，儿童对世界表现出完全以自我为中心的态度，无法将思想与行动分离，也无法认识到物体的角度会因他们相对于物体的位置而不同。从2岁到7岁进入前运算阶段，客体永存性被牢固地建立起来，象征思想得到发展。

为了进入下一个阶段，即具体运算阶段（7到11岁），儿童需要能够执行皮亚杰所说的“操作”，即内化的行为，个体可以使用这些行为来操作、转换物体，然后将其还原到原始状态。儿童理解守恒原理，即不管容器的形状或体积如何变化，物体的数量都可以确定为相同的。最常用的例子是，儿童必须判断，尽管形状和大小不同，但两个不同形状的杯子里的储水量是否相同。这个阶段还标志着儿童开始将逻辑应用于步骤和阶段，通过“A不是B”任务进行评估。11—16岁进入形式运算阶段，以抽象和假设性思维为特征。虽然有大量的文献支持皮亚杰理论的基本原则，但皮亚杰的工作中也有许多弱点，比如他无法将记忆与逻辑分离，认为儿童只存在于一个阶段的假设以及文化语境的影响。

皮亚杰的四个阶段与执行功能发展的变化有关。“执行功能”是一组高阶、通用的控制过程的总称，这些控制过程调节了许多不同的认知功能（如思想和行为），以实现特定的目标。执行功能包括广泛的认知过程，如工作记忆、认知灵活性、注意力控制、计划、概念形成和反馈处理，每个过程的复杂性各不相同。执行功能有3个核心组成部分：主导反应或支持反应的抑制，工作记忆表征的更新与监测以及任务或心理模式之间的转换。

执行功能也与儿童成长和发展的情感方面有关，包括但不限于道德和交际行为以及社会认知。此外，有大量证据表明，执行功能的发展是学习成绩的主要预测因素。许多纵向研究表明，执行功能有助于学业成就。

博尔顿和海蒂表明，大脑发育的变化（例如，白质和灰质生长过程中的变化）与皮亚杰理论和执行功能提出的变化是一致的，特别有趣的是这些变化的时间及其与皮亚杰发展轨迹的相似之处，这些变化突出了教师在教学中需要注意和适应的儿童的显著变化。在任何一个班级，无论年龄大小，都存在不同认知处理和执行功能的学生。还有迹象表明，在认知处理和执行功能的发展方面，存在一些粗略的年龄指南，比如0到7岁最有效的方法可能与8到12岁以及13岁以上的不同。但如果认为这些年龄在任何方面都是固定的，那就错了。

从0岁到8岁，儿童的发展作为日后成就的基础，需要成为重点。在儿童早期，语言的发展、心智理论（关于儿童的世界如何运作的信念）和排序至关重要。如果到8岁或在学校的第二到第三年，学生们还没有达到一定的阅读能力，那么他们可能经常被落在后面。这就是圣经训诫中的马太效应：富人越富，穷人要么继续贫穷，要么变得更穷。一项关于阅读的文献综合研究表明，如果儿童在这一阶段没有获得对应的阅读能力，那么在之后赶上的可能性是很低的，大多数人会慢慢脱离学校教育体系。早期阶段（小学1—3年级）的能力培养是至关重要的，所以如果在学校的早期阶段没有掌握阅读能力，建立这些基础的机会就会减少。

在8到12岁的年龄段，他们需要学习如何社交。一旦到了青少年时期，社交世界对很多人来说就变得非常重要。无法与他人进行正常的沟通可能会带来孤独，或者更糟糕的是，被别人拒绝，所有这些都对学校表现有深刻的影响。

到17—18岁的时候，许多人的义务教育后教育包括某种形式的高等教育（大学、社区学院、技术学校），尽管有些系统允许学生在更年轻的时候走上这些道路。现在令人着迷的是17岁到27岁这段过去被称为“青年期”的新兴时期。如今，随着就业不那么稳定，职业道路也不那么明确，我们可能会说，青春期要到27岁左右才能结束，也许我们需要一个新的术语来称呼这种青少年成年人。

人类发展中最引人注目的变化之一是从家庭到同伴的转变，这种转变从小学后期开始，在高中加速。青少年想要花更多的时间和朋友在一起，更重视同龄人的意见，并旨在融入而不是在社交场合中脱颖而出。这些社会互动可以对行为、社会情绪和学业结果产生积极的，有时甚至是强烈的负面影响。青少年对他们可以信任的朋友有很高的需求，这些朋友尊重他们的感受和信仰，并倾听他们。女孩比男孩更多地谈论自己的困难和情绪，尽管75%的男孩仍然报告说他们与同龄人的这种交流形式水平很高。

卡罗尔、霍顿和林恩表明，在青春期，人们有一种强烈的发展声誉的倾向，然后努力开创、提升和保持声誉。声誉是集体的，因为它是社会过程的产物，而不仅仅是他人对自己的印象或是自我印象。青少年建立信念和行动，以一种特定的方式表现自己，这样他们向观众们展示了他们的特定性格品质。这些声誉通过在脸书上“加标签”或“取消标签”以及在学校与谁交往来建立。声誉可以解释为什么团队社群对一些人有吸引力，为什么许多青少年采取危险的行为，为什么其他人通过排挤他人、欺凌和违法行为来建立声誉。还需注意一点，那些需要提升声誉的青少年也饱受孤独的折磨。

为了建立和维护他们的声誉，许多青少年选择并完成非常具体和具有挑战性的目标——符合或不符合、社会或学术、合作或孤立等等。与手头任务相关的困难程度与承诺密不可分，而承诺又反过来影响个人获得的声誉。他们可以不遗余力地培养和保护他们所选择的声誉。

结　论

这本书的一个主要信息是，学生在校期间的认知加工、大脑发育和思维发生了深刻的变化，教师越了解学生的发展，就越能设计出适当的教学方法、分组、进展以及让学生参与学习的方式。为了提高对学生学习的影响，教师需要有更好的方法，让学生的学习体验更明显、更突出。通过更密切地关注和理解教与学的过程，可以改善教与学，而不是把教与学建立在教师或学习者的属性上。

为了做出最优的教学决策，学生们需要了解的属性范围显然是很大的。一个人不可能掌握所有的知识，但教师们被期望拥有广泛的教学技能，以及与目前期望从学校得到的许多结果相关的内容知识。教师需要知道如何区分和适应每个学生的过去、现在和未来的学习进展，不仅要关注每个学生，而且要关注学生群体，并了解探索学生思维的发展文献，以及如何促进这种思维。

要做的事太多，要知道的事太多，要关心的事太多。迈克尔·斯克里文（Michael Scriven）在他关于教师职责的论文中做出了重要贡献。他的职责清单显示了他对教师的了解、关心和要求。它们包括：主题知识，教学能力，沟通技巧，管理技能，课程建设与改进技巧，评估课程、教学、材料、学生和课程，评估能力，专业能力等等。他说："能做到这一百件难事的人，可以在一生中改变世界。那些做不到的人，只能做一些不那么重要的事情。"

第三章

教师的工作和专业知识：6个关键问题

教学是一项多方面、富有挑战性的工作。正如第一章和第二章所讨论的，21世纪对课堂教师的要求比以往任何时候都更加广泛和复杂，专家型教师利用深厚的知识基础和广泛的技能来确定学生现有的技能和知识以及他们的学习需求。学生的中心定位意味着这些学习需求对教师决定教什么、何时教以及如何教至关重要。本章探讨了在保持学生中心定位的同时，教师的思考、决策、干预、评价以及不可或缺的知识和技能。

专业的教师知识和实践

专家型教师的一系列属性似乎令人生畏。除了建立关系和运用教育学、课程和学科内容方面的专业知识，卓越的教师需要能够识别和收集不同学生群体中广泛的兴趣、信仰、技能和知识的证据。然后，教师需要分析并使用这些证据来决定是否采取有意的策略或干预措施，从而导向这些学生的成长和认知变化。此外，教师需要能力和工具来评估这些干预措施在实施期间和实施后的影响。针对学生个人和群体的学习需求进行教学，依赖于教师运用他们与认知、情感和身体发展的不同阶段相关的知识和专长。

教师还需要愿意并善于借鉴他人的专长、知识和经验，包括基于研究的专业文献。教学的计划、实施和评估是一个协同的过程。

在讨论教师的多层次工作时，本章提出了一个解决这些属性和实践的模型。重要的是，这种模式是基于增长和发展的概念，而不是缺陷，所以重点是学生给课堂带来了什么，他们能做什么，以及他们准备好的下一步学习的方向。该模型还要求教师知道学生（到目前为止还）不能做什么或不知道什么。这是对一些关于教与学的传统和常见论述的转变。

模　型

图3.1提供了循证教学模型的关键阶段的图示。该模型是一个循环周期，每个阶段通向下一个阶段，学生（或学生群体）的中心定位是明确的。然而，值得注意的是，教师会有机会和必要的理由来重新审视每一个阶段，以调整他们的思维和实践。因为当意想不到的结果和新的证据出现时，进一步的问题就被提出，就需要更复杂的决策。教师的关键知识和实践，包括收集、分析和使用证据的能力，在整个周期中是至关重要的。对于干预措施对学生学习影响的评估不仅为未来的教学提供了信息，也使教师能够在整个过程中反思和评估自己的教学工作。虽然协作工作在其中一个阶段特别突出，但实际上，它对所有阶段都很重要。

证据的定义

必须承认在周期的每个阶段收集和分析证据至关重要。教师需要在每个阶段确定什么构成了证据，以及这些证据将如何被批判、考量，并与学生和同事合作解释。在定期进行高风险测试和公布学校和国家对照列表的

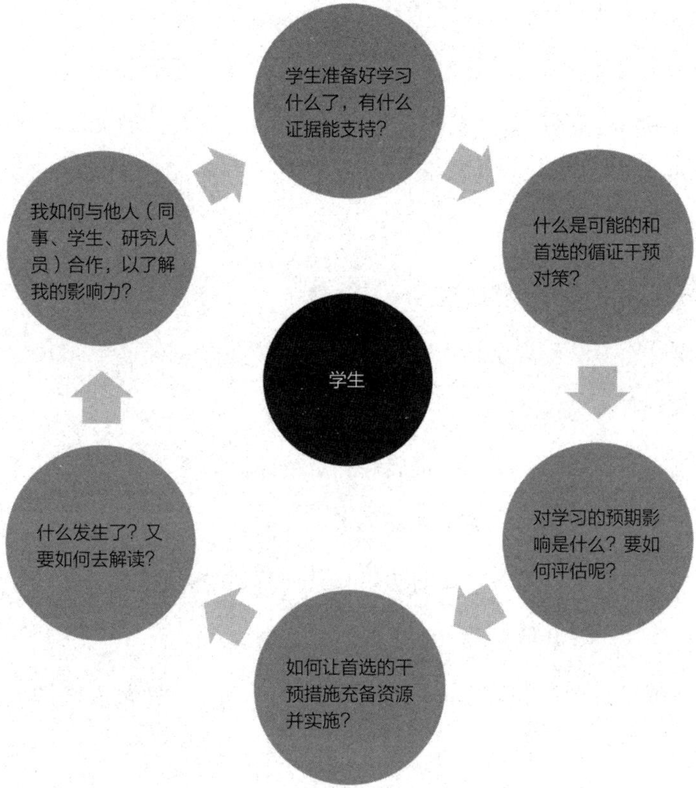

图3.1　六个问题：循证教学模式

时代，证据有时只根据统计数据或数字数据，或根据已发表的文章来定义。教师需要对证据有一个更广泛的概念，这包括他们的经验、解读和观察。需要牢牢记住学生是学习实践的中心，教师需要收集关于所有学生和他们的学习的历史证据。这包括了解学生的背景、兴趣、社会和文化世界，而不是他们最近的考试成绩或学校成绩，支持教师确定学生下一步学习准备的有用证据包括：

- 就其现有的与课程领域相关的知识或技能进行的学生个人或以团体

为基础的（正式或非正式）互动；

• 与学生在课堂内外就他们的兴趣和娱乐活动进行对话；

• 有关学生的家庭关系和实际家庭安排的资料，例如，了解学生是否与父母双方、父母中的一方或照料人同住，或在不同的住所之间交替居住；

• 学生的总体健康状况报告（正式和非正式）；

• 以课堂为基础观察学生在课堂中的身体姿态、与同伴的互动、行为、活动参与和任务完成；

• 完成与相关课程相关的进展性和总结性评估任务；

• 历年的学习成绩，包括内外部考试成绩；

• 与正在教书、教过书或与学生有其他互动的同事讨论；

• 教育文献和其他专业文献中的研究证据；

• 教师自身知识和技能的证据以及他们的实践和之前实施的具体干预的影响。

这个列表并不详尽，但提供了一系列证据。这些证据提供了信息，支持并帮助教师证明他们的决定与学生的学习发展有关。在每个学习环境中，证据的不同组合被三角化，以增加教师决策的有效性。从这个意义上说，教师参与了正在进行的诠释性研究和评估，其中证据指导实践，实践被评估，实践根据进一步收集的证据进行修改。

循证教学的各个阶段

关键问题与教师实践中涉及的每个阶段的周期提供了有关教师的知识与技能基础、证据收集和决策过程所需的提示。

1. 学生准备好学习什么了，有什么证据能支持？

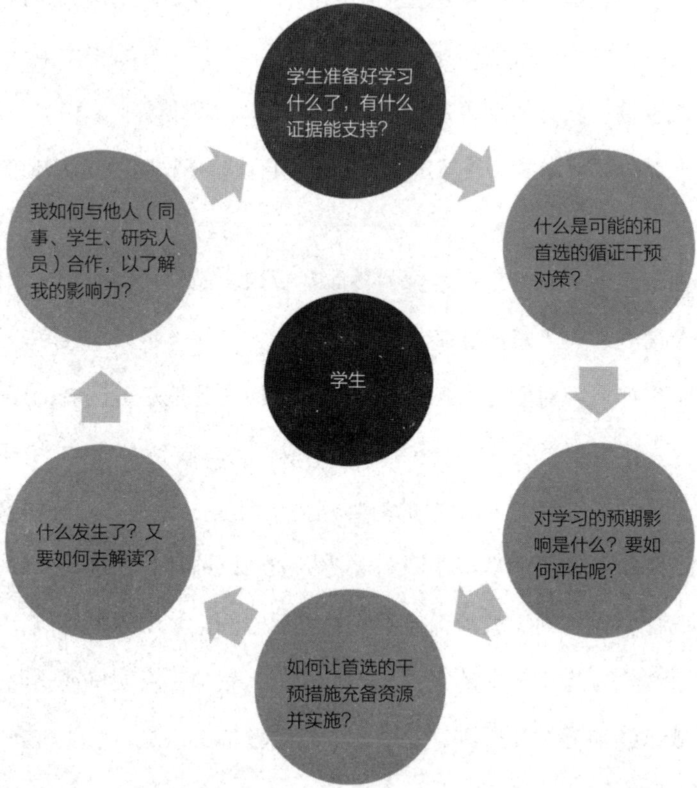

这个循环主要涉及学生已经知道什么和能做什么，学生学习发展的下一步是什么，以及教师如何确定这一点。在任何学习环境下，每个学生的定位都与课程的特定方面（例如，无论这是强制性的国家课程还是更个性化的学校设计课程）或知识体系有关。对于任何学生或学生群体，课程都是一个指南。它没有针对特定的学生或群体进行开发，因此教师的决策不只是遵循课程或规定的文本。在一个有25名学生的班级里，一些学生可能会展示出课程之外的知识和技能。其他学生可能需要进一步发展知识和技能，以满足与该课程水平相关的要求。

在这里，教师的部分角色就是利用他们的学科知识基础和对课程的理解来绘制特定知识或技能体系，目的是帮助学生持续性获得发展。为了发展这种连续性，教师需要确定学生的内容知识、思维水平（例如，他们在字面、推理和评估水平上的理解），以及学生能够有效运用元认知来参与内容的程度。

教师不仅要了解学生已掌握的技能和知识，而且还需要深入了解学生的动机、信心、投入意愿和其他相关的性格。了解学生以前在学习方面的经验，学生如何面对学习的挑战，以及学生拥有的策略范围有助于促进他们的学习，特别是当一种学习方法最初不成功的时候。

以上的每一个考虑都能帮助教师建立与任务、课程、单元以及班级、小组或个别学生相关的学习意图和成功标准。以前评估的证据和学生自己对学习的评估也有助于教师确定不同熟练程度的学生学习的特点，并告知每个学生在学习连续体中的定位。换句话说，教师是在明确或诊断学生在课程领域已经知道的和可以做的事情。然后教师可以决定学生准备学习什么，以及具体的学习目标是什么。

教师需要去关注与学生在一对一、小组和全班情况下的互动。在这个阶段，教师收集证据的能力是至关重要的。这种证据可以从上一个单元完成的观察或学生在课堂活动中的互动和参与中得出，专业教师不断收集这类证据，并与其他证据相结合，能够及时、系统地分析其重要性。

下面的例子分别揭示了在幼儿和高中环境中，证据的收集如何影响教师关于学习者下一步学习的决策。

实例：幼儿教师

我与一个新来的3岁学生一起合作，我在帮助她适应新的日常生活，但我真的想知道更多关于她对“相同”和“不同”的理解。我鼓励她表达和展示她的知识，我发现她可以识别和命名一些形状，并把相似的形状放在一起。她用“更长”和“更短”来描述蜡笔和铅笔之间的区别，并把它们放在一起来证明她的观点。这些信息让我确认她接下来需要学习的空间知识和技能。

铅笔和蜡笔是提前设计好的，这提供了一个机会让互动发生，这只是团队为这个目的而计划的许多项目中的一个。看起来我和学生一起解决了一个问题，但这是设计合作来收集证据。

实例：高级中学教师

该学生是一名12年级的法律系学生，正在完成一份“评估”类型的扩展反应式题目，为年终考试做准备。该任务要求学生识别和解释法律制度各方面的优点和缺点，并使用证据来支持她的观点，得出关于法律制度的这些方面的结论。

我参考了之前学生对这类延伸问题的回答的例子，这表明她能够识别和解释法律体系不同方面的优点和缺点，但没有在特定方面的优点和相应的缺点之间建立连贯的联系。她列出并解释了一系列的弱点和优点，并得出了一个一般性的结论，但没有讨论一个优点和它对应的反论点/缺点。她表示，她理解“评估”扩展反应式题目的形式，但在得出整体结论之前，她需要在讨论每个方面的优缺点时得到支持。

该学生和我分析了她以前的书面答复与一个优秀的评估答复的范例。她能够确定她需要做些什么来改进她回答的内容和结构。这个决定是基于证据做出的，证据表明该学生已经掌握了评估答复的基本格式，并准备好写出更复杂、更细致的答复。

在解释课程文件、制定学习目标、设计与特定研究领域相关的连续体和结构时，学院共享资源和以前的工作样本也很重要。对于教师来说，要收集有关学生现有技能和知识的一系列证据，与同事协商是至关重要的。

在这个周期的这个阶段，教师的工作包括智力上的复杂思考，做出精细化的评估决策，并使用精练的课程解释、目标设定、证据分析和决策的技能。教师对证据的收集和解释告诉他们学生准备学习什么，以及学生的学习成长将如何与特定的知识或技能领域相关联。当完成这一点并与其他教育工作者进行评判时，就会产生一种三角校正的感觉，从而对诊断有信心。

2. 什么是可能的和首选的循证干预对策？

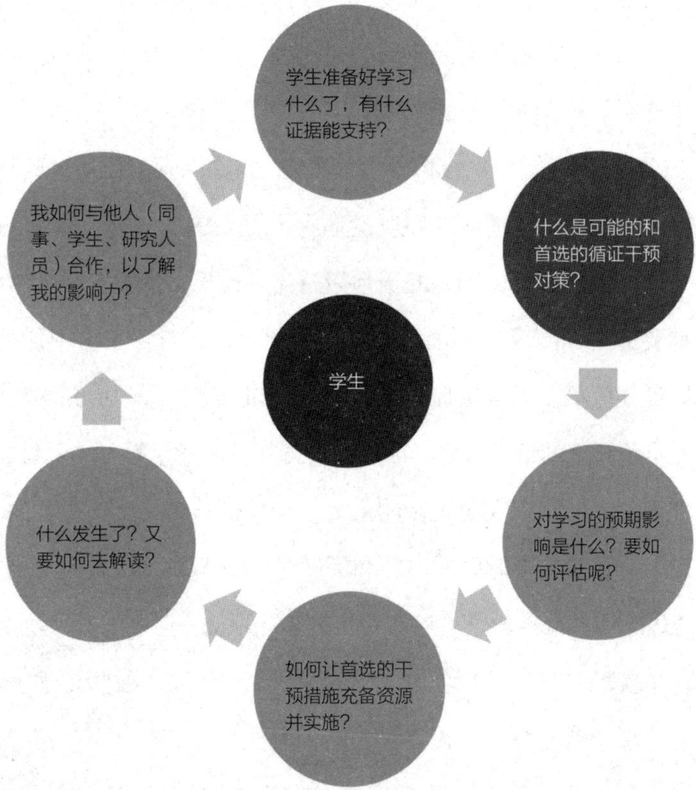

在这里，教师需要考虑并证明他们选择的干预措施最有可能支持学生在学习重点领域内进入下一个发展阶段，这包括定位、处理、分析和评估来自各种来源的证据。理论与实践的联系是根本的，专业教师利用广泛的策略和经验，并考虑以前在类似情况下有效的干预对策，或寻求已被证明对周期第一阶段的诊断有效的替代策略。在确定如何更好地促进学生或学生群体的学习时，教师能够获取相关研究文献是很重要的。这项研究表明了什么？研究与教师的学生群体和背景的相关性如何？这项研究是否提供了影响学生学习的证据?教师和同事需要对有关教学质量和学生学习质量的新研究证据采取一种开放的态度，并致力于保持和更新他们在这方面的知识。这很难融入学校每天或每周的时间表，因此为专业阅读提供资源和时间是学校专业发展的一个重要关注点。

图3.2提供了许多教学干预的平均效果，当在课堂上使用这些策略时，实施的精确性、剂量、适应性和质量是成功的关键。此外，在做出这些选择时的一个关键问题是，个别的干预措施比其他干预措施有更高的成功概率，更重要的是，当成功标准与表层学习（内容、想法）更密切相关时，可以发挥最佳效果。当学生拥有足够的内容知识来推进到更深层次的处理时，其他干预对策的效果最好。因此，教师在诊断学生学习（表面、深度、迁移）方面的专业知识在决定影响最大的干预措施时是至关重要的。很少有干预措施会有意地同时教授内容和深度思考——拼图法是一个例外，它促进了协作学习和同伴教学，它在这个列表的顶部。

在这个阶段，更广泛地考虑学生的背景也很重要。教师将学生在学习周期中的位置（开始阶段、内容阶段、巩固阶段、深度关联阶段、迁移阶段）与最合适的学习环境干预相匹配。教师对影响学生学习方式的文化、社会和个人因素的深刻理解也发挥了作用。

教师对自身能力和需求的认知、反思和评估能力是很重要的。一种干预措施可能看起来适合学生的学习需求，但如果教师的专业知识与这种方法不一致，就需要寻找其他解决方案，或者教师可能需要进一步的专业学习来更好地理解和实施新的干预措施，并寻求和考虑其有效性的证据。教师还需要能够协调其他因素，如学校和课堂资源，学校和个人思想体系，以及政策方面的干预方法。

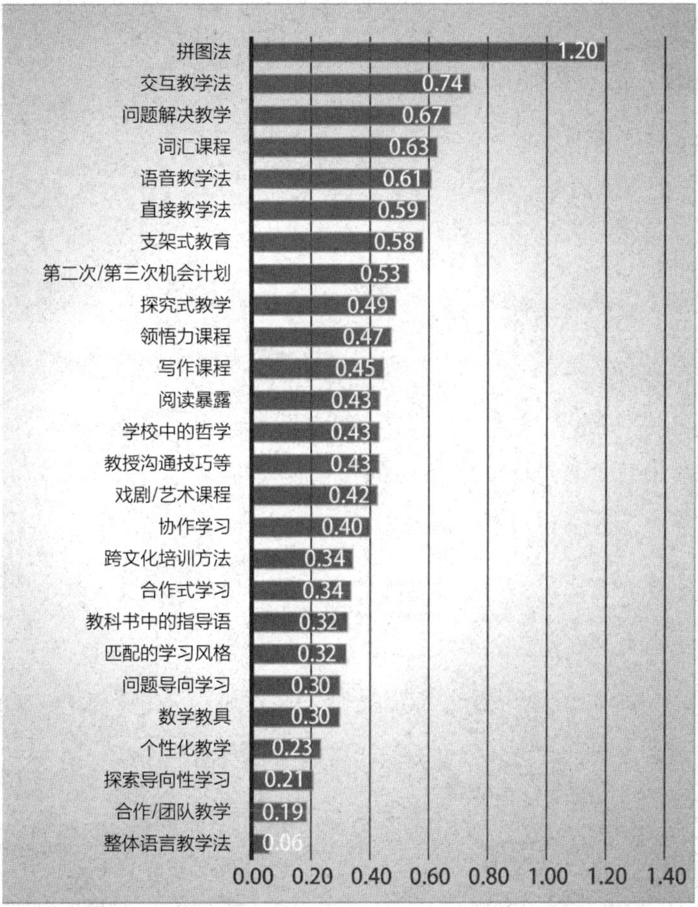

图3.2　不同教学方法的效应大小

试探性也是这种决策的一部分。教师的知识、经验和广泛使用的证据不能保证在特定的学习环境中对学生或学生群体的干预会成功。因此，对干预措施的影响保持开放的态度，并随时准备调整或放弃现有的方法，以寻找其他替代方法，是非常重要的。

一位初中教师阐述了许多循证思维的概念。

实例：初中教师

在收集和分析了一次预测试的证据后，我从学生的7年级教师那里寻找信息，并从学校的内部网获取报告，我还能从该学生7年级的澳大利亚全国成就评估计算成绩中得出证据。这些不同的证据来源表明，该学生在数学方面的进步与维多利亚课程6级有关的大多数数学概念和技能对齐。这名学生以前的数学教师和其他教过她的教师都表示，她是一个乐于合作的学习者，对涉及数码技术的活动表现出热情。我的一些同事也表示，这个学生似乎很喜欢小组合作，尤其是当她被分配到一组数学能力相似或更高的学生中的时候。我还注意到，在早期的小组活动中，这名学生似乎比在少数学生主导的全班情况下更愿意参与讨论。

我实施了一个小组活动，把这个学生和一个进步程度相近的同学放在一起，另一个学生的进步程度稍微高一些。在整个活动过程中，我观察到学生大多是独立工作，而不是合作，但她会定期分享信息。这名学生似乎注意到了她的小组成员的进步，并以此作为衡量自己是否完成任务的方法。

在同一节课快结束时的全班讨论中，这位学生热衷于回答黑板上的问题。然而，班上一些占主导地位的学生抢先回答，这不仅对该学生起到了威慑作用，而且对其他一些学生也起到了威慑作用。尽管要她回答一个问题，她却选择不回答。如果不是我之前观察到她在团队中的工作，我相信我将错过一个获得有价值证据的机会，这促使我在以后的课堂活动中对课堂进行了不同的设置。

利用我的循证推理，结合学院的意见，我能够得出这样的结论：证据表明，这个学生是一个独立的学生，她善于合作，而不是在小团体中合作。这不是我最初想要解决的学习需求，而是对我未来的教学和她的学习很重要的需求，这种学习需要和她的数学需要一起成为焦点。

在一个小组和整个班级的环境中观察这个学生，证实我正确地评估了她现有的技能，并有针对性地在“正确”的地方教学。此外，观察让我有机会在她完成形成性任务的过程中不断跟踪她的进展，这使我能够不断地反思这些任务在整个工作单元中是否有益。

在考虑可能的干预措施并决定哪些干预措施将支持学生的发展时，教师利用学生现有的（在第一阶段收集的）技能和知识的证据，但也考虑更广泛的证据基础，如学生的一般行为、兴趣和可能影响学习的环境因素。与学生的非正式和正式互动可以提供丰富的证据，也可以观察到学生在课堂内的定位（身体和社会）以及他们在课堂之外的活动中的参与，同事和父母也可以为学生作为学习者提供有价值的见解。同样重要的是，教师要注意到学生在学习中任何可察觉的变化，并采取措施找出这些变化发生的原因。

公认的研究文献是这一周期阶段的关键证据来源，这可能涉及从定量和定性研究的综合中寻求信息，包括基于课堂的行动研究。教师必须持续参与并有能力对教学策略有效性的研究文献进行评论，这样才能做出明智的教学决策。

似乎有一个主要的资源缺乏显示各种教学计划对学生的影响。其中一个是EdReports（教育报告网）（www.edreports.org），它以类似于“消费者”或“选择”评审的方式提供质量保证的课程。由4到5名评审人员组成的团队使用评审工具、证据指南和关键文档来评估课程。资源按课程领域和年龄范围列出。评估与支持学生学习所需的标准是否具有适当的深度和质量，以及材料是否对学生和教师友好有关。评审小组分享其证据，达成共识，并在网站上分享评估结果。如果能够提供证据，根据精确度（实施与预期设计的距离有多近）、剂量（成功实施需要多少培训）和实施的适应性来衡量对学生的实际影响，这将是一个重大的突破。

教师决定哪些循证方法和干预措施将在特定的学习环境中支持学生的发展。为了证明他们的思考和决策是正确的，教师需要咨询从同事那里获得的公认的研究和证据，反思他们过去的实践对学习的影响，并使用收集到的关于学生现有技能的证据。教师在反思自己的实践时，需要意识到特定的课堂策略和结构对学生学习的影响，并考虑他们如何巩固或修改这些策略来提高学习。在这里，教师从自己的教学经验中提取证据，换句话说，他们会反思之前在类似情况下有效的策略。

总而言之，在这个阶段支持教师决策的有效证据可能而且应该包括公认的可靠的研究证据、从经验和知识中提取的教师证据以及基于学生的证据。在做出干预决策时，理解和使用他人的思维和行为方式至关重要。教师要认识到他们可能需要从同事、学校领导和家长那里获取信息，以全面了解学生的学习。学校内外的专业学习与研究团队的建立，有利于对与学校学习者、其学习发展阶段和学科教学相关的研究和专业文献进行定位、传播和讨论。理想情况下，这些研究团队应该是学校结构的基本组成部分，并得到相应的支持和资源。也有越来越多的在线社区收集、评论和斟酌各种干预措施的优点（教育捐赠基金、澳大利亚社会风险投资公司、有效教育策略资料中心）。在更广泛的层面上，学校的伙伴关系和网络可以促进校际和院校之间的合作，让专家和研究人员能够交流意见和方法。

分析和批评一系列证据，将循证干预措施与学生的学习需求相匹配，并为决策提供理由是这个周期的这一阶段的关键。

3. 对学习的预期影响是什么？要如何评估呢？

在这里，教师对所选择的干预措施可能产生的影响进行假设，并设计工具和过程来衡量这种影响。教师已经决定了最适当的干预措施，以支持学生在特定的学习环境中成长。这种推理的一部分包括重新审视学习目标，制定课程或系列课程的成功标准，这些成功的标准与思想的内容和延伸有关。海蒂和克拉克建议与学生共同制定并分享成功标准，并持续评估学生从起点到达到成功标准所取得的进展。技巧不在于评估过度，而在于让学生参与评估进步。这意味着教师需要不断地形成假设——所选择的干预措施对学生朝着这些目标的学习进展有什么影响？

教师需要计划收集与成功标准相关的证据，以便衡量发展。如何将以前的学习事件的证据与新的证据进行比较？教师决定哪些与学习干预相关的试验样本将被检测或正式评估，以及如何进行。有价值的证据也来自观察，所以教师可能会安排同事收集教师和学生、学生和学生之间课堂互动

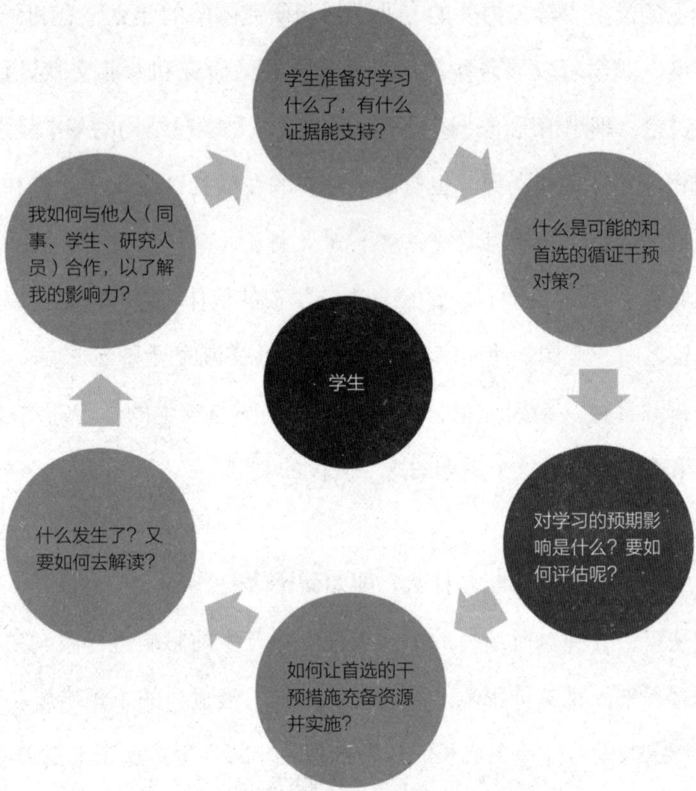

的证据。另一个重要的证据来源来自学生，他们在干预过程中是如何学习的？元认知反应和深思的机会在哪里发生？

在计划收集证据时，教师需要重新审视干预的目的，特定类型的证据将如何衡量学习，以及干预期间和之后将如何收集和分析证据。

重要的是，在相同的学习环境中工作的教师有共同的或集体的思考，什么构成了学习或任务领域的进步和成功。发展一种共同的语言，让教师表达实践和进步是必要的。协作包括开发发展连续体或结构的共享设计和评估工具，包括规程。这些设计可能非常耗时且需要脑力，所以团队合作是必不可少的。除此之外，如前所述，教师需要认识到借鉴他人的专业知识和经验对有效教学至关重要。在一系列的课堂环境中教授这一课程的教师将对学生如何回应相关的内容和技能以及如何表达和识别熟练程度有丰富的理解。

一位教师和她的初任同事一起阐述了她对影响的看法，以及如何寻找证据来评估这种影响。

实例：早期小学教师

我的同事乔（Jo）是一名大一的教师，她想知道如何与一年级的小女孩田（Tian）合作。通过观察这学期的作品样本，乔得出结论，田的写作发展停滞了。我和乔仔细研究了田的写作样本，以及乔给我们的反馈。我们查看了整个文本、句子和单词层面的写作元素，以确定并分离出田所掌握的体裁（这是一种信息丰富的体裁）、句法、词汇和拼写，以及她准备学习的内容。来自试验样本的证据表明，田对熟悉单词的拼写基本准确，但写作可能包含了与知识区域相关的更多词汇（最近的例子是关于特定动物的信息）。田继续用简单的句子写作，很少说话。虽然她的文章包含了一些相关的信息，但我和乔认为，在思想的组织和结构方面，田是可以发展的。

乔和我讨论了帮助学生在文本、句子和单词层面理解和实现特定体裁的关键特征的写作模式。首先由皮尔森和加拉格尔提出的“责任的逐步释放模式”（The Gradual Release of Responsibility Model)，以及改编自克里斯蒂和德瑞万卡的“教与学周期”(Teaching-Learning Cycle)，都包括构建知识区域、明确建模和解构特定文本类型的特征和结构、引导或联合构建文本、独立构建文本等阶段。虽然乔为她的课堂提供了简单的信息性文本模型，但她认为田(和其他学生)如果更多地关注思想的组织，将会受益。我向乔建议，她也可以采用一种策略，即使用连接词将简单句转换为复合句。

4. 如何让首选的干预措施充备资源并实施?

这就是所选干预措施的行动和实际实施发生的时候。在这个阶段，教师的假设被检验，并从干预措施中收集进一步的证据。教师对这类证据的分析(直接的或考虑的)可能导致干预的修改或重新考虑方法。专业的课堂实践者是终极的多任务执行者，他们能够培养人际关系，管理行为，识别孤立或不参与的学生，试图解决孤立和不参与，并保持相对实际问题(如时间管理、不可预见的干扰和技术问题)的领先地位。所有这些都与实施有计划的干预措施相结合，以支持学生的认知发展。

教师需要定义与任务相关的学习目标，并使这些目标对学生透明。教师实施有计划的干预措施和最合适的教学方法，涉及内容传递、建立小组工作、选择资源、给学生展示他们学习的机会等方面——教师选择这些方法是为了明确地解决学习目标，并最大限度地为学生实现目标提供机会。教师的教学方法是透明的，让学生清楚地选择策略，并将这些策略与学习

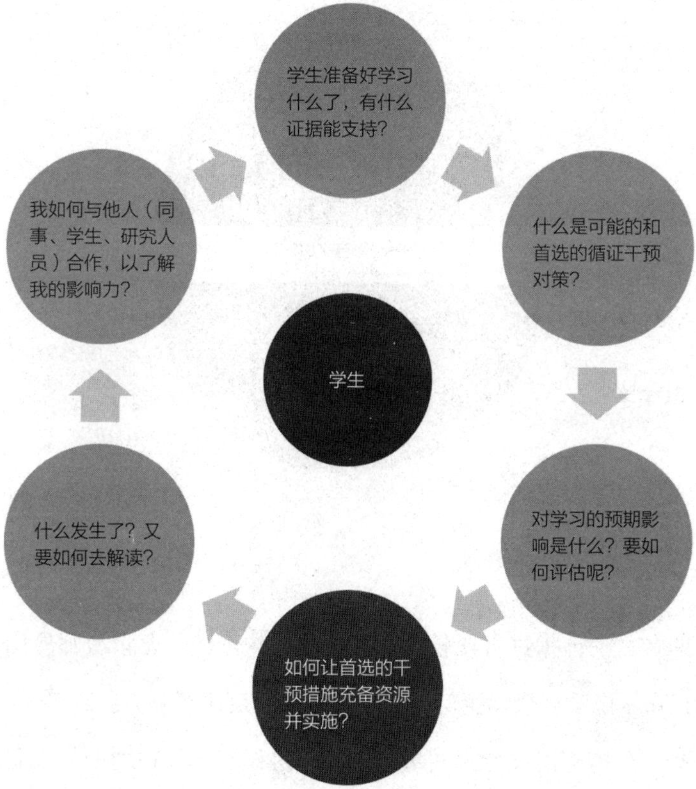

意图联系起来。

在实施经过研究并得到认可的干预措施时，确保干预措施按预期实施是很重要的，但与此同时，教师也要注意对调整方法的背景因素作出反应（见图3.3）。

专业教师在干预措施实施期间和实施后收集证据是有策略的。教师意识到，需要有证据来衡量干预措施对学生学习的影响，这涉及进展性和可能的总结性评估策略。基于发展方法的持续进展性评估使教师能够确定学生学习进展的下一步，这些过程和工具需要精心设计，以便将收集到的证

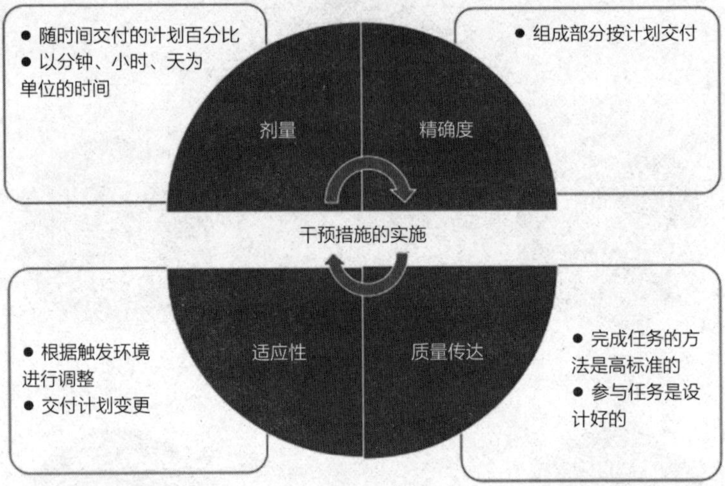

图3.3　检查和衡量实施

据与早期获得的证据进行比较。证据收集是持续的，要求教师使用他们的专业知识来了解学生或学生对不同干预方法的反应。

有些干预措施需要专家同事的参与和协作，不仅在周期的规划和评估阶段，而且在课堂实施阶段。参与协作是重要的，因为从历史上看，教师在实施阶段往往是孤立的。这有时是由于死板的时间表和缺乏资源（时间、空间、人员）造成的，但也往往是由于教师感到压力，不能熟练地运用所有策略，没有信心寻求或接受他人的帮助。为干预提供资源意味着借鉴和利用同事们的集体专业知识，而不仅仅是选择最合适的材料。这种类型的合作正变得越来越普遍，但在大多数情况下，仍然依赖于单独的教师来实施干预措施，专家同事可以在课堂环境中建模或做出贡献。学校需要鼓励在具体的教学方法中确定个别教师的专业知识，并形成有效利用这种专业知识的团队。

实例：小学高年级教师

在年初，我对丹尼学习的评估非常笼统，更关注他在课堂上的行为和互动，而不是课程中特定的学习领域。我喜欢看丹尼处理任务的方法，而不是学习本身。我试图通过积极的强化和反馈来鼓励丹尼的参与，我们的行程人员在今年的第一个专业发展日就发现了这些方面。

我需要仔细考虑关于任务的讨论和指示方式，并允许学生提出问题和澄清。通过考虑学生（包括丹尼）提出的问题，我能够分析我是如何传递内容和呈现任务的。我开始专门研究每项任务的总体学习目的，以及能够帮助丹尼和其他人达成目标的成功标准。

我和同事一起设计了一系列数学推理策略，我专注于观察丹尼解决问题时的推理策略。有了学习目的和成功标准，我在课程开始的时候就与所有的学生分享。我观察了丹尼在具体解决问题的任务上会做什么和说什么。

在这个问题中，学生将8个苹果分给不知道人数的人，每个人将得到3/4个苹果。丹尼问了他的合作伙伴关于任务的问题："我们将如何解决这个问题？""我们能画苹果和人吗？"然后，他继续用视觉解决方案，而他的搭档则在做一个方程。我让丹尼分享他的策略，听听他搭档的意见。我们进行了讨论，我问丹尼是否可以用他自己的话来解释另一种策略。他回答说："我不确定，你能再说一遍吗？"丹尼的搭档向他展示了如何将等式与丹尼的画联系起来。我问丹尼能否把这个策略应用到一个有更多苹果的新问题上，他回答说："我能画出来吗？"

这次对丹尼数学推理能力的"细致"考察，帮助我对他在推理连续体中的位置有了更具体的了解。视觉辅助工具帮助丹尼将他的理解概念化，但他还不能在解决问题时将一个量应用到相关的方程中。

丹尼乐于与人合作，他可能认为同伴辅导是学习新策略的可靠方法，并在独立工作时应用它们。在其他成功教授数学推理的环境中进行的研究表明，学生更有可能通过持续的练习来学习和使用策略。这将帮助丹尼确定在他的学习中下一步需要去哪里，也有助于我确定下一种类型的任务和下一个干预措施。

合议观察有助于在实施阶段对证据进行协同分析和规划。描述性观察包括记录学生和教师的行为，并分析这些行为如何影响学习。这种类型的合作需要信任和同事之间的开放对话，重点是改善实践，以提高学生的学习效率。这将与特定的学习意图和干预相联系，并侧重于观察特定学生的学习和参与。在课堂上，观察者会记录师生互动和学生对话的语言，以及学生通过他们写的、说的、做的和学习的实际演示等方面。重要的是，观察结果是描述，而不是判断。观察结束后，同事们会讨论观察到什么，为什么课会这样进行，学生学习的结果是什么，为什么，以及这些分析对未来的规划和实施有什么意义。研究发现，使用描述性观察记录和分析课堂证据有助于促进协作对话。

教师向同事寻求建议，并重新审视研究和理论来验证决策。这个决策必须以学生的需求为中心。

5. 什么发生了？又要如何去解读？

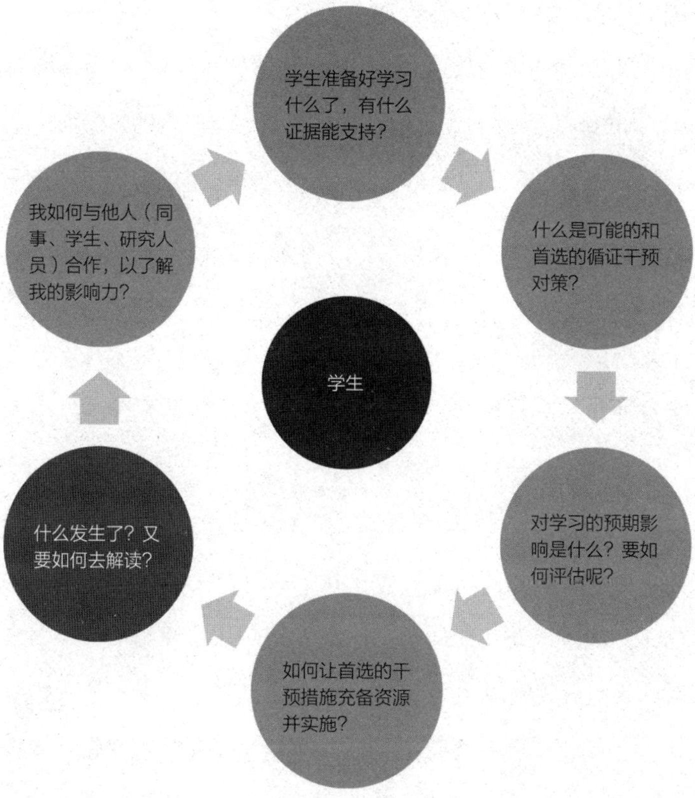

干预实施后，教师分析对学生学习的影响，试图了解这对未来规划和教学的意义，重点考虑的是评估干预措施对学习发展的影响。再次强调，证据的使用和解读是至关重要的，同事之间的合作分析研究结果并为未来的实践提供信息也是如此。这个阶段还允许教师质疑他们需要学习什么来有效地解决学习结果，并确定关于理论、教学方法和课程的新想法，以适应他们的学习环境。教师在这一阶段的评价性思考超越了反思，进入了批判性提问和解决问题的阶段，从而形成了情境化的判断。

实例：英语语言中心的教师

为了批判性地反思我对劳拉的教学和她的学习，我从她的FCE（英语水平）考试结果开始。在我对劳拉的教学结束两个月后，我被告知，除了口语部分，她在考试的所有部分都取得了很好的成绩。她在这方面只勉强及格，这让我很惊讶。我在和劳拉一起工作期间收集的证据让我得出结论，她的英语口语相当高级。在反思中，我考虑了实际的考试过程和背景，以及这对劳拉在考试当天可能产生的影响。我的结论是，也许我没有在课堂上充分讨论或模拟考试条件，我可能需要更精确地组织考试前的准备，以便让学生不仅为可能的考试内容，而且为考试的过程做好准备。

作为评估我的实践的一种手段，我还与劳拉的一位亲戚进行了交谈，她恰好是我的同事。我希望能对我和劳拉的工作做出诚实的评价。我对此感到很脆弱，但我意识到，为了充分评价我的教学，这种脆弱和开放是必要的。这种“开放”的过程总体上是积极的，然而，它确实引起了我对我的实践的反思和进一步的评价。劳拉的阿姨回忆说，她的侄女有时会评论我说话“太快”，尤其是在给出指示或讨论对我特别重要的概念时。我还了解到，我相对较重的澳大利亚口音（尤其是我的一些元音）可能会引起一些学生（包括劳拉）的困惑和不确定。现在我在说话的时候会注意自己的语速，并和每个学生核对以确保我的讲话清晰。我也试着调整我的一些声音的发音，我使用其他的方法（包括视觉和音频资源）来巩固我介绍给我的“英语作为附加语言或方言”（EALD）科目学生的一些概念。

6. 我如何与他人（同事、学生、研究人员）合作，以了解我的影响力？

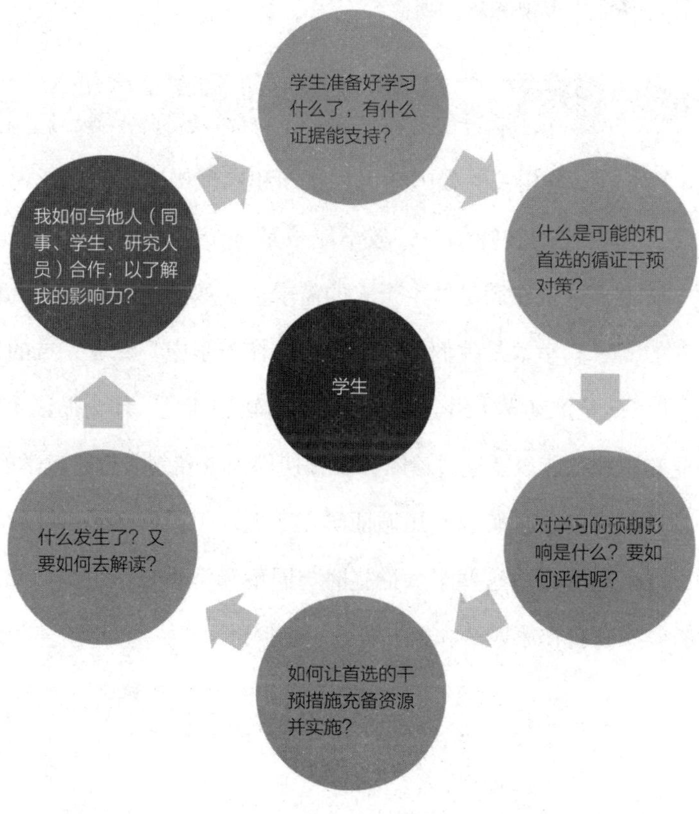

为了深入了解干预措施的影响，教师与他人（同事、学生和循证研究人员）合作，以达成价值判断。这些判断将影响具体的干预主义方法是否应继续或需要修改。同事之间和学生之间的合作，以及复查证据和研究文献，导致了关于某些干预实施的精确度和持续时间的问题和决定。在整个周期中，特别是在影响被测量和评估的这个阶段，专业教师需要支持他们的同事解释和使用证据来计划改进未来的实践，这些领导教师也需要使用类似的证据来告知和发展他们自己的领导实践。

教师合作，以及教师和学生之间的合作，也有跨学科的重点。教师们不拘泥于特定的学科，而是鼓励彼此和学生考虑和评估如何在不同的课堂环境中引入、重新审视和巩固概念。

结 论

这6个问题以及相关的教师知识、技能和推理构成了我们所说的循证教学模型。新时代的教师倡议，教学应该是一个学术教学的循证实践职业。在本质上，这是在满足学生个人的需求，就像其他循证专业。在医学中，患者的需求和幸福是他们的实践中心。在教学中，专业人员的作用不是“治愈”，而是推动学生沿着发展性的学习轨迹前进。作为循证实践，教师的专业知识和技能以及通过诊断和干预使用证据和判断也是教学的基础。正如本章所强调的，理解和利用循证研究来设计干预措施是循证教学的重要特征，在实施和评估这些干预措施时与同事和学生合作也是如此。这些方面的教学实践将在第四章和第五章进一步探讨。

4

第四章

深厚的教学知识基础

专业技能通常与经验相混淆（实际上，拉丁词根“experir”是“经验”一词的衍生词），其特点是在某一特定领域熟练掌握技能。德·格鲁特对专业技能进行了开创性的研究，他对国际象棋专家和新手使用了“有声思维”的方法来决定策略和一系列的走法。当询问棋手如何下棋时，他发现，新手和专家的思维过程几乎没有任何差异。但是，当他向专家和新手展示布满棋子的棋盘时，他发现，专家可以几乎完美地再现棋盘上的内容，而初学者则很难准确地再现超过4个棋子。很多人认为专家是“块”式思考的，或者说他们储存了过度习得的脚本的记忆，在需要的时候可以取出来。这种过度习得释放了工作记忆，使其更有策略，更流畅地反应和适应，并以更有效的模式识别导致最佳决策。

蔡司和西蒙通过向专家展示带有无意义棋子配置的棋盘来验证这一想法：他们的表现明显受损。但他们也发现，专家们的记忆中存储着数千种（如果不是数万种的话）模式，这不仅是国际象棋的情况，而且是体育、音乐等其他领域，以及整个科学领域的情况。事实上，建立这些模式需要大量的经验，然而，光有经验是不够的。例如，在教学中，有些人可以教学多年，但不建立模式或使用模式的信息来优化决策。

专家的另一个特点是他们更普遍地使用逆向思维——专家将解决方案作为他们对问题最初考虑的一部分，而新手则应用一套规则来向前工作以获得解决方案。另一个是熟练地从多个角度看问题——在某种意义上，从另一个角度看问题。专家们似乎更容易做到这一点，或者像米哈伊认为的那样，在这个过程中有更多的自发创造力和享受（也就是说，他们有更高的体验感，享受不熟悉的挑战）。

请注意这些评论中关于专业知识的核心要素：大量的知识，构建和使用模式的熟练程度，以及将挑战视为使用该知识和模式识别的机会的意愿。因此，专家通常只擅长于他们自己的领域就不足为奇了——专家医生是有能力诊断疾病的人，专家出租车司机可以在驾驶时生成二级路线，专家教师可以诊断误解并在第一次不起作用时提供替代教学策略——但优秀的医生可能是糟糕的出租车司机或教师。想象一下，一个医生在诊室里同时接待30个病人，他们都寻求帮助，都有不同的问题，你可以看到教师和医生的技能是独一无二的。专家与经验丰富的新手之间的区别就在于这种对某个领域内的模式进行分组或查看的能力。这种分组使专家更快（尽管他们在决定行动之前会比新手花更多的时间在诊断阶段），但这也意味着他们对自己的思考方式不太了解，而且经常似乎是自动行动（这有时使他们不太可能成为师资培育者——任何说教学是常识的人都不太可能成为别人的好教师）。

专业知识不仅仅需要常识，这不仅仅是练习、练习、再练习。实践可以带来经验，但不一定是专业知识。爱立信援引了刻意练习的概念，将无休止地做同一件事的人与通过反复练习来学习和改变的人区分开来。刻意练习指的是不断检查的练习，导致过度学习技能，形成更高层次的行为模式。想象一下教板球的方切。它需要四种技能：（1）确定正确的球来执行这一射门——一个短而宽的外树桩递送；（2）后脚向桩端移动并越过球线；（3）当球棒收回时，将前肩转向越位，将球棒放下并横移，在充分伸展时与手臂接触；（4）跟上，把重心放在后脚上，球棒最终落在前脚和头部后方。这些技能通常是通过球机传授的，不断重复这些技能，并通过调整、反馈和纠正将它们连接到一个行动中，所以在游戏中不存在“四步思考”，而是“一种思考”——球非常适合方切，而这四步的模式将被转换成行动。这是对组件的刻意练习，导致过度学习，使各个部分成为一体，因此游戏中的工作记忆不会被细节过载。这样，切球就会看起来很漂亮，一个流畅的动作执行起来很华丽，但这是卓越的过度学习的结果，有专家教练的输入来提供反馈，并经过深思熟虑的练习。

但它不仅仅是分块、模式识别、向后或从另一边工作、持续学习、适应、不急于解决方案或处于流中。还有一些思维方式可以进一步区分专家和经验丰富的人，在这本书中，我们将这种思考方式称为“评价性思考”。他们认为，对许多教师来说，评价性思考也是一种过度学习的行为（过度学习，正如本章开始讨论的那样），专业教师有更高层次的表述、“组块”或指导他们的世界观。他们有更强的模式识别能力，更善于检查偏差和限制，更能监测判断错误，更有可能寻求替代行动。专家们在对问题进行表述和得出结论方面比较慢。专家试图通过别人的眼睛看世界，他们更定期地检查问题陈述。他们过度学习评估情况的技能和观点，以便更好地整合这些技能，做出更直接和自动的选择。

关于棋手和他们的思维过程，费托文奇等人发现，当专家犯错误时，当他们无法理解时，当他们需要三角化他们的解决方案时，他们表现出更高程度的监测技能。他们需要更多的时间来发现场景中的模式，了解正在发生的事情，他们从自己的经验中学习；他们并不是仅仅从一系列解决方案中进行选择，然后不加以适应地应用这种解决方案。爱立信声称，专家对所遇到的情况生成一个复杂的代表，其中有关接触的信息与知识相结合，从而允许选择行动，以及评估、检查和推理替代行动。专家的技能是高度自适应的表现，可以产生最佳的规划、预测和评估。这些技能不是过度学习的，而是为了立即或自动选择的目的而过度学习的。这与有意练习的质量和数量有关，与有意练习活动中固有的乐趣有关，并作为提高成绩的工具手段。这是一个规划、预测和决策的过程。这是区分专家、经验丰富的从业者和新手的评估思维的核心。

教学里的专业知识

柏利纳和他的团队让新手教师和专家教师观察许多场景。例如，两组教师都被展示了一系列幻灯片（取自两次55分钟的中学课堂），时间为1到3秒，然后被要求写下他们看到的东西。一个新手看到一个金发男孩坐在桌子旁，看着文件。他左边的女孩在他前面伸手去拿东西，而一位专家看到一群学生可能在做一个项目的小组讨论，因为座位不是一排排的。一种反应是描述性的，另一种是解释性的。金发并不重要。新手更关注课堂的静态特征，而专家更倾向于评论所做的事和异常。初学者则不太能够区分教室里嗡嗡作响的混乱生活中哪些是重要的，哪些不是。专家们在解释时更加谨慎，他们希望通过与学生的互动来验证自己的解释，忽略许多不那么关键的细节，并参与更多的假设——提出认知主张。初学者使用更多的描述性解释，更专注于内容，而不太可能看到整个课程的模式。两组看到的是同一间教室，但评价性的解读却截然不同。

在柏利纳的另一项研究中，专家和新手被问及学生在回答一系列测试项目时可能会做什么（给教师看这些项目）。专家们对学生的应对方式有更丰富、更深入的了解：他们既关注正确的策略和答案，也关注错误，能够更好地预测错误的答案，更熟练地思考错误的答案。新手很少讨论错误的答案或错误的概念，他们更专注于描述项目的内容。

从柏利纳的研究中可以得出结论，专家们对教室的看法是不同的。他们更有可能将课堂视为理想状态下的课堂，更有可能更早地注意到非典型事件和情况，对他们的教学更挑剔——有时对他们的教学有深刻的批评。

柏利纳总结道："专家型教师通常会为完成目标所需的重复性操作开发自动化和例行化；专家型教师在解决教学问题时对任务需求和社会情境更为敏感；专家型教师在教学中比新手教师更具机会主义和灵活性；专家型教师代表问题的方式与新手有质的不同；专家型教师有快速准确的模式识别能力，而初学者不能总是理解他们所经历的；专家型教师在他们所经历的领域中感知有意义的模式；虽然专家型教师解决问题的速度可能会变慢，但他们会为他们试图解决的问题带来更丰富、更个人的信息来源。"

同样重要的是要注意，成为专家的过程需要时间、深思熟虑的实践、持续的学习和对替代方案的开放度。专业知识不是通过重复相同的经验教训而获得的，而是通过适应和从每一个经验教训的影响中学习。专业不是改变教学的外围或表象方面，而是触及核心，即你是否能最大限度地影响学生的学习。它不是反思发生了什么，而是利用资源分析教训，并试图从多个角度理解问题，然后再尝试实施一个解决方案。专家不是急于给出解决方案，而是考虑和评估许多可行的可能性，不断问“如果”，并合理迅速地将“不可能”从“可能”中剔除。它在思考和决策方面比常规更具有适应性：不把问题视为熟悉的，而是把它们视为新的、值得探索的、需要理解的。专业知识是知道你所知的限度，并能够寻求帮助，不断学习并与他人合作诊断，解决问题，考虑“如果”，并评估所选择的解决方案的影响。

柏利纳指出，大多数教师需要7年的时间才能培养出专家气质——当然，并不是所有的教师都能在7年（甚至更长时间）之后成为专家。在这一点上，教学与其他职业没有太大区别。例如，放射专家估计看了10万张X光片，国际象棋专家花了1万到2万个小时观察和思考国际象棋的位置。一位高尔夫球专家在努力掌握并保持他的高尔夫球挥杆技术的过程中，估计打了400万个高尔夫球。柏利纳还指出，在教师执教的前7年，学生的分数每年都在提高，但在大约第7年分数停止提高，并保持在同一水平，直到他们出现了小的下降。在最初的7年里，要获得这一专业技能，需要1万到1.2万个小时。

这与安德斯·爱立信和他的同事大量记录的说法相吻合。例如，他们监测了在西柏林音乐学院接受训练的小提琴家的练习时间。虽然他们都是优秀的音乐家，但通过排练厅训练记录，我们发现他们之前的训练有很大的差异。最专业的小提琴家花了大约1万个小时练习，而成绩最差的演奏者大约花了5000个小时。研究发现，最有成就的学生的记录与一组专业交响乐团音乐家的记录相匹配。这些发现支持了刻意练习的概念，即有意识地提高一项技能的练习类型，有别于对该技能的练习。这种练习通常是高度结构化的，有教师或教练参与，包括最初的任务，超出当前的表现水平，但可以在几个小时内掌握，通过集中在关键方面，并通过重复和反馈改进技术。

柏利纳的大多数研究比较专家和新手，但史密斯等人的研究比较专家教师和有经验的教师。史密斯等人的研究比较了一组通过国家委员会评估的专家教师和一组同样有经验且参加了评估但没有通过的教师。专家们在所有标准上都表现出色（效果大小从0.25到1.13）。图4.1显示，在所有维度上，专家都优于有经验的同行。最关键的是，在经验丰富和专业的教师的课堂上，教师所教的内容和学生的思维方式存在着关键的差异。史密斯等人通过分析课堂成绩单和学生作业的编码工件，发现在专家教师的课堂中，74%的学生工作样本被认为反映了更深层的理解水平，26%反映了更表面的理解水平（见图4.2），在有经验但非专家的课堂上，情况正好相反。

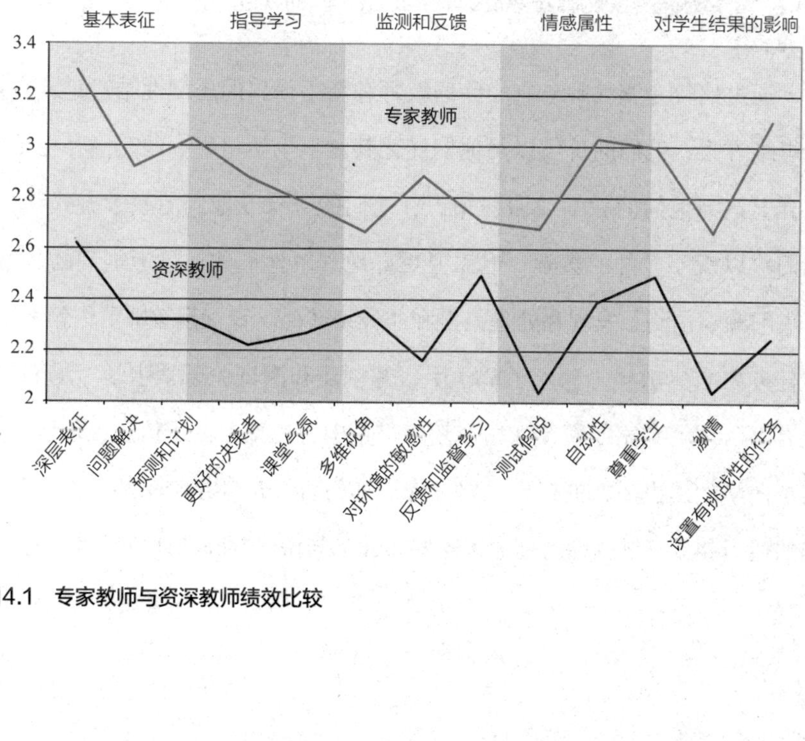

图4.1　专家教师与资深教师绩效比较

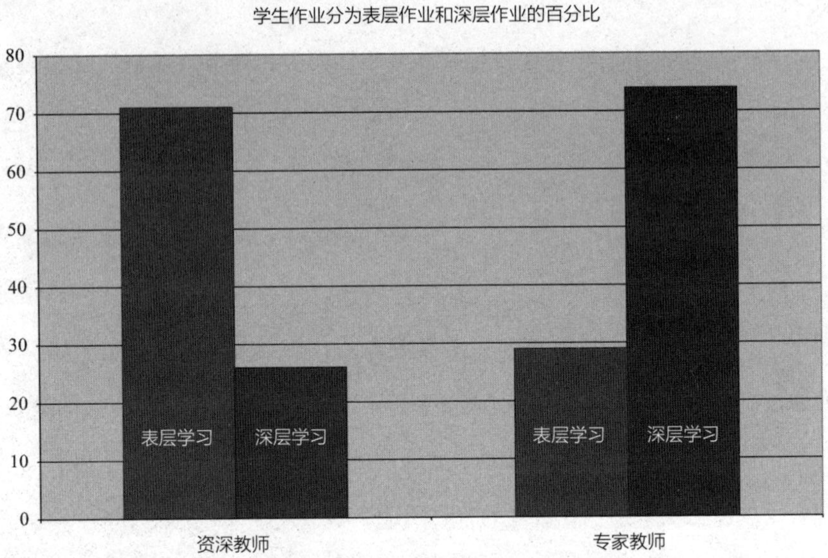

图4.2 资深教师与专家教师课堂表层式学习与深层式学习的对比

通过比较专家教师与有经验的教师和新手得出的压倒性结论是，专家的思维方式、他们的价值以及他们优化其对学生学习影响的热情存在重大差异。这与他们的教学或课程知识、他们的背景或他们的教学方式无关。我们可以观察教师的教学，但需要更好地理解他们如何思考他们的教学、解决问题、预测、发现和处理错误和非典型情况。专家型教师更依赖情境，对任务要求更敏感，深入了解学生，并创建和测试关于学生学习的假设。它有助于理解专家如何在计划和教学过程中有选择地使用信息，他们如何增加向学生提供反馈的机会，以及他们如何告知学生在未来的工作中要承担的适当和具有挑战性的任务，这些属性都与做出判断和评价性思考有关。

来自可见学习研究的证据

可见学习研究是基于对（目前）1600多项教育元分析的综合。它首先提出了一个教育界的难题——那就是，为什么我们能找到如此多的研究支持几乎所有的事情，以至于教师、政策制定者和家长都宣称“我们应该做某件事，因为有证据表明它能提高学生的成绩”？在元分析的语言中，目的是发现影响学生学习的大小量级。如果一个效应（或严格地说，一个效应大小）大于零，这意味着影响（如班级规模、教师的专业知识）是积极的，如果是消极的，它会影响学生的学习。有2.5亿名学生参与到可见学习研究中来，结果表明，95%以上的影响对学生的平均影响大于零——从这个意义上说，教师和政策制定者辩称他们所做的大部分工作都有证据是正确的。显然，我们需要做得更好，而不仅仅是宣称我们在学校所做的事情有积极的影响——几乎所有事情都有。这个故事是基于对那些大于这个平均水平的影响和低于这个平均水平的影响的共同主题的理解。我们需要停止问“什么管用？”，然后用“什么最有效？”（所有来自可见学习的数据，包括更新信息、词汇表、搜索功能和许多其他资源，都可以在https://www.visiblelearningmetax.com上找到）。

影响最小的学校教育结构方面包括新形式的学校（例如，特许学校），改变教室结构（例如，缩小班级规模，改变教室结构），对学生进行分组（例如，跟踪或流媒体），改变课程（或日历和时间表），以及提供更多的资金。各种各样的教学形式是最多变的，深层教学方法（探究和基于问题的方法）的成效较低，而刻意的教学方法（直接教学、掌握学习和互惠教学）的成效较高。然而，一个主要的因素是表面的结合——通过深入的教学和学习是需要的，因为学生需要在联系和扩展这些想法之前有内容和想法。很少有方法能够跨越这些表面和深层的结果［然而，请参阅“Jigsaw”拼图法，它是基于将工作分成几部分，首先与基本知识和理解相关，然后使用这些知识将想法联系起来，并与他人合作，形成联系，并转移到分配给学生小组的任务。拼图法具有非常高的效应（d=1.2，在第三章中解释）］。决定表面和深层的正确组合需要教师具备深刻的知识，知道什么时候专注于表面，什么时候从表面转移到更深层的任务和思考。

教师专业知识的影响最大（见表4.1）。最有力的是教师有能力评估他们对学生学习的影响。这种思维方式不规定任何方法或任何工作程序。相反，它强调了教师设计有效课程的能力，有质量和精确地实施这些课程，然后能够批判性地确定他们的教育课程对学生学习的影响程度。它提出了道德目的问题：教师所说的影响是什么意思，有多少学生经历过这种影响，以及评估如何衡量影响的程度。

表4.1 有助于改善学生学习生活的七大主题

	主题	效应值
1	教师和学生一起工作，作为他们影响的评估者	0.90
2	都拥有很高的期望	0.90
3	所有人都在朝着明确的成功标准前进	0.77
4	运用“金发女孩原则”的挑战	0.74
5	错误和失误被视为学习的机会	0.72
6	最大限度地向教师反馈他们的影响	0.72
7	学习的重点：表面到深处的正确比例	0.69

对学生学习影响最大的教师的思考与他们对学习成长的期望有关，拥有并分享明确的成功标准（不太难，也不太无聊），与学生建立信任，使错误也可以被视为学习的机会，有多种结果，如表面学习和深度学习（建立信心，使课堂成为学生愿意来学习的地方），寻求对他们影响的反馈，以便他们学习，适应，修改，诊断，从而增强他们对学生的持续影响。这是一套强大的思考策略。

因此，对教师而言重要的是了解自己的影响。也就是说，教师需要询问他们的干预对学生的影响的优点、价值和意义。教育者的角色不仅仅是收集数据、撰写报告和教育学生，还包括对他们的教学影响的证据进行解释。需要有一种寻求证据来支持对影响的解释的文化，对这些解释进行假设测试，并不断质疑其对学生影响的意义和普遍性。这种评估要求教师对他们的影响做出判断，并寻求关于他们对这种影响的解释的可信性的其他观点（第二种观点）（与考试分数进行三角评估，与同事一起审查，倾听学生对他们自己学习的解释）。

要使他们对自己的影响做出的评估判断的真实性最大化，需要教师对学生之前的学习有深入的了解，了解学生如何使用学习策略，并在一系列课程开始前，有一种方法让学生清楚地知道成功是什么样子的。它要求教师把重点放在表面学习和深度学习的最佳比例上，要有适当的挑战水平　　不要接受“尽最大努力”，教师必须确保成功标准对所有学生都具有足够的挑战性。

这种对了解影响的强调并不规定任何方法、任何工作程序或任何类的结构。相反，它强调教育工作者有能力设计有效的课程，有质量地实施它们，然后批判性地确定他们的教育课程对学生学习的影响程度。强调这种变化的重要性是至关重要的：考虑到95%以上用于加强学习的方法将对学习产生积极影响，仅仅加强学习是不够的。为了让学生最大限度地学习，教师需要知道他们的影响程度，并评估这种影响是否足够。评估的思维方式能够促进改进。

以下一组思维框架，或思维方式，是从可见学习研究中发展而来的：我是一个评估自己影响力的人；我是变革的推动者；我从一开始就明确地告诉学生成功的影响是什么样子的；我认为评估是对我的影响提供反馈；我和其他教师一起工作，形成关于进步的共同概念；我参与对话，而不是独白；我追求挑战，而不是"尽力而为"；我用语言学习；我把错误看作是学习的机会；和我合作。

这种看得见的学习和思维框架模型要求教育工作者根据4个主要主题评估他们所能提供的证据的质量：（1）他们的战略规划和自我审查，包括对干预措施和教学影响的反馈；（2）他们善于调整教学策略的选择以影响表面和深层的学习；（3）他们利用学生的声音作为影响的重要证据；（4）收集和解释影响的证据。

最困难的方面是成功地实施这4个想法。在我们的工作中，我们使用缩写"DIIE"作为监督实施的基础：教师参与在学生开始上课时诊断（Diagnose）他们的状态；他们有多种干预（Intervention）措施，并精确地实施（Implementation）；他们评估（Evalution）学生对干预的反应。这与第三章所概述的关键问题密切相关。

结　论

本章探讨了教学中的专家和专业知识的概念，并对专业知识和经验进行了区分。教师如何利用自己的专业知识最大限度地影响学生学习是本章讨论的主题。为了实现这一点，我们主张采用循证教学模式，教师拥有技能和知识，通过证据确定每个学生的学习需求，计划和实施相关的干预以满足这些需求，并评估这些干预的影响。所有这些方面都需要评价性思考，因此评价性思考成为第五章的重点。

5

第五章

教师职业的本质：评价性思考

上一章讨论了一个前提，即专业知识是教学职业的一个决定性方面。在本章中，我们概述了与第三章中确定的6个关键教师问题相关的专业知识的核心概念，以及5种评价性思考技巧。我们还讨论与关键问题和评价性思考技能相关的核心知识组件。

表5.1列出了5种评价性思考技巧和6个教师问题，并在每个单元中给出了教师所扮演角色的例子。这些角色不专属于每个单元，而是旨在例证教师需要的专业知识，以解决关键问题。我们举例说明5个评价性思考各自的作用，参考其主要解决的关键问题。

评价性思考

教学有许多独特的专业知识，它们都建立在关于教学、学生、学习和背景的丰富知识基础上。但要发展我们关于这一知识本质的论点，首先有必要概述优秀教师的思维方式，从而更具体地说明教学专业知识的本质。他们认为，这些思维方式都围绕着“评价性思考”这个概念，这是教学作为一种职业的核心。

表5.1 5种评价性思考技巧和6个关键问题

评价性思考涉及……	6个关键教师问题					
	学生准备好学习什么了，有什么证据能支持？	什么是可能的和首选的循证干预对策？	对学习的预期影响是什么？要如何评估呢？	如何让首选的干预措施充备资源并实施？	什么发生了？又要如何去解读？	我如何与他人（同事、学生、研究人员）合作，以了解我的影响力？
……在评估证据时调用推理和批判性思维，从而得出“下一步”建议	作为诊断专家 作为证据的寻求者				作为诊断专家	
……解决执行的精确度，不断检查意外后果，并允许调整以最大化结果的价值		作为干预者 作为先见者 作为执行者 作为适应者			作为学习专家	
……针对每个职业所要做出的主要决定：对于教师来说，它是对学生学习的影响最大化			作为变革者 作为评估者		作为评估者	
……调查可能导致错误结论的潜在偏见和混淆因素				作为问题解决者 作为假设验证者	作为问题解决者	
……理解他人的观点，导向价值或价值的判断					作为合作者	作为合作者寻求洞见

评估是一个广泛的学科，涉及对项目、人员、政策、绩效或过程的价值或意义做出价值声明。虽然在这一领域的不同研究者和实践者之间存在着重大的差异，但核心的价值概念才是本质。豪斯长期以来主张评估中的价值观这一核心概念，他认为价值观是对事物价值的信念，或对事物好坏的信念。价值观和事实不能完全分离，但豪斯认为，它们在“残酷的事实”和“赤裸裸的价值观”的连续体中间某处融合在一起。许多评估理论之间的差异更多地与如何以及谁作出这些价值陈述有关。

这种对价值的关注直接导致了斯克里文对评估和研究的区分，因为前者更多的是关于“所以呢”，而后者是关于“是什么”。评估不太关心导致这些发现的因果机制，也不太关心x或y发生的心理或社交原因，而是更多地关注影响和后果的价值。斯克里文的论点是，研究和评估分别源于我们思考的不同方式或侧重点。当然，也有重叠的地方：研究既涉及概括的能力，也涉及说服的能力，而许多评估大多是后者。两者都需要可靠的衡量标准（调查、访谈、测试），两者都非常关心解释的质量或论点的有效性。斯克里文认为，批判性思维、推理和理解他人（他们如何思考、推理、判断、互动）是评价性思考的核心技能。因此，评估包括理解他人的想法，然后形成对优点、价值或意义的判断。为了做出这些有价值的判断，在评估中考虑反思思维的概念是至关重要的，“让组织中的人们通过系统探究的有纪律的过程更批判性地审视自己”；核实事实，“我们怎么知道我们自以为知道的东西？”；以及怀疑性的提问，“帮助项目人员反思他们的实践，批判性地思考，并对项目为什么会这样运作提出问题。请注意，它不是像照镜子那样的反映，而是像看到别人如何看待我们那样的反映。

虽然多年来思维方式的概念一直是评估文献的一部分，但最近它围绕着“评价性思考”的概念合并在一起。评价性思考是一种特殊的批判性思维和解决问题的能力，与评估领域密切相关。这是一个过程，通过编组评估数据和证据来构建论点，允许一个人以一种透明的方式得出语境化的价值判断。

沃通过对28名评估者进行研究，探讨了评价性思考的多重意义。沃注意到关于推理、思考以及许多相关术语，如批判性思维、逻辑思维和推理的长期争论。此外，许多领域声称拥有一种特殊的思维方式：法律职业指的是必须根据法律规定和道德原则作出的伦理判断；而医疗职业则更多地以假设为导向，涉及“产生和检验假设的推理，以便单独排除症状的潜在原因（循证数据），作出正确的诊断，并决定治疗计划”。当然，关于这些是否是“正确的”思维形式，数据和证据在引导这种思维中所扮演的角色，归纳和演绎之间的争论，以及我们如何从这种思维中做出决定，还有很多争论。

我们的论点是，有5种主要的评价性思考技巧（见表5.1）。

1. 评价性思考包括在评估证据时调用推理和批判性思维，从而得出“下一步”建议。

教师需要激发批判性思维和推理来评估证据并做出适当干预的决定，并具有批判性思维、逻辑思维和推理的水平。我们已经注意到，证据有多种形式（来自研究，来自教师的经验），经常受到质疑，并总是受到解释的影响。正如尼采所评论的，没有所谓的完美的感知。

费舍尔和斯克里文认为，批判性思维是对观察、交流、信息和论证的熟练和积极的解释和评估。斯克里文和保罗认为，这种批判性思维技能依赖于清晰、准确、精确、一致性、相关性、可靠的证据、充分的理由、深度、广度和公平。他们认为，批判性思维可以被视为有两个组成部分：（1）信息的产生和处理，（2）基于智力承诺的习惯，使用这些技能来指导行为。因此，它不仅仅是获取和保留信息，因为它涉及一种寻找和处理信息的特殊方式；它也不仅仅是拥有一套技能，因为它涉及持续使用这些技能。

这种推理和批判性思维的结果是形成性思维，导致提出“下一步”的建议。它不仅是描述和诊断，而且是关于下一步最佳步骤的推理，这是形成性思维和最大化反馈力量的概念的核心。

每一种评价性思考技巧都最好地体现在教师需要扮演的各种角色中，以实现他们的目标，对每个学生的学习产生影响。与评价性思考技能相关的第一个角色是，在一系列课程的开始、中间和结束之前，教师作为一名诊断专家，运用推理和批判性思维来评估证据。作为一名诊断专家，教师要以学生为中心，了解每个学生已经知道的和能够做的事情，从而了解每个学生下一步准备学习什么，以及了解每个学生的焦虑和信心水平，从而设定最佳的下一个挑战水平。作为一名诊断专家，教师知道学习的进展不是一帆风顺的，因此考虑到学生需要在时间和方向上获得成功的标准的差异。

一个好的诊断专家是一个问题解决者和假设测试者，具有循证和评估思维的所有属性，并准备允许其他人（学生、父母、同事）寻求第二意见。这需要他们对自己的信仰有一种力量和信心，要知道一个人不可能了解一切，要知道可能有其他更有效的诊断和干预措施。

沃德和托马斯进行了一项研究，强调了寻求第二意见的重要性。他们从96所分层抽样的新西兰学校收集了教师对学生学习进度和状态的整体判断，从学校类型、学校社会经济地位和地理位置各方面进行筛选。沃德和托马斯得出结论，教师的判断缺乏可靠性，这是有问题的，因为这些判断是学校以提高成绩为目标量身定制教学支持的基础。这一发现表明，教育者在学校内部和学校之间共同努力，发展共同的进步概念至关重要，学生的进步不应该由教师对学生的期望标准的不同判断所决定。

第二个作用是在评估证据时调用推理和批判性思维，教师是**证据的寻求者**。这个角色和一系列的信念是教师专业知识的核心——寻找和使用学生已经知道的证据，以及这些证据为学生指出“下一步要去哪里”。举证与评价性教师的概念密不可分。然而，这并不是过分依赖从考试中获得的证据，而是依赖学生作业的证据，来自任务和作业的信息，以及倾听学生如何处理具有挑战性的概念。教师需要有寻求证据的意愿，也需要教导学生去倾听、评估，并从错误中学习。在任何时候，教师都必须设法对这些证据进行三角测量。

证据应该是教育界最具争议的概念之一。比斯塔认为，什么是“有效的”取决于什么是受教育理想的判断。这些理想包括社会、道德、身体、认知和情感结果，获悉对学习的热爱，有意愿和技能再投入到进一步的学习中，尊重自己和尊重他人。然而，证据和教育一样，从来不是中立的，因为它的根本目的是干预或改变行为，这是生活中最基本的道德问题之一。

职业判断与证据的融合是教师职业的标志。萨克特等人向《英国医学杂志》提交的一封信中，对这种解释性判断和证据的结合进行了出色的描述。他们首先指出，循证医学使用当前最好的证据来对患者的护理做出决定。循证医学是循证专业知识（熟练程度和判断）与系统研究的最佳外部证据的平衡和整合，与证据和判断与诊断试验的准确性、预后标志物的效力以及治疗、康复和预防方案的有效性和安全性有关。他认为，我们不希望实践受到证据的支配，也不希望仅仅受到观点和个人经验的影响。同样的论点也适用于教师和教学。

循证医学的发起者科克伦认为，最抗拒证据的是那些认为自己的经验足够的“专家”。他们相信自己的经验，即使有些方法效果不佳，已经被新的想法和新的医学发现所超越，他们也没有听取更聪明、有证据的后辈的意见。同样，这也适用于太多的学校。

如上所述，证据不是中立的。它需要解释，有时还需要根据上下文进行调整，当然还需要证据证明它在自己的课堂上产生了影响。非中立性使教学成为一种道德职业，引发了诸如“为什么要教这个而不是那个？”和“一个人如何以正当且道德的方式教学？”的争论。斯努克认为教学涉及亲密的个人关系：教师和学生之间；一个学生和另一个学生之间；一个教师和另一个教师之间；还有教师、家长、同事和学校领导之间的关系。教学涉及以某种方式改变人的使命，它经常发生在有控制等级和需要遵守规则的环境中。这些互动和竞争的力量是非常真实的。因此，斯努克声称，教学在其目标、方法和关系中涉及伦理。他认为，教师的角色包括尊重自主和尊重理性。他告诫说，“当我们听到太多技术型教师、称职的教师、有技能的教师时，我们应该提醒自己，教育本质上是一项道德事业，而在这一事业中，有道德的教师起着核心作用”。杜威指出，证据不能为我们提供行动的规则，而只能为我们提供智慧解决问题的假设，以及对我们的教育目的提出疑问的假设。

教师和学校领导合作决定证据的性质，寻找有关影响的否定和确认证据，并确保对所有学生的影响最大化，这是该专业的一个关键部分。“看得见的学习”方法表明，专业发展始于对教育者在学校的影响进行讨论和提供证据，然后提出问题：“作为教育者，我们需要哪些知识和技能？”“我们如何深化专业知识，完善技能，以达到更大的影响？”以及“我们如何知道我们改变行为的影响？”为了在学校实现这一目标，需要建立评估能力，以便所有人都能评估其影响。在授权评估中，评估过程是教与学的一个组成部分，然后包括组织学习。这可能需要评估方面的专业发展，例如能力建设，通常需要一位关键的朋友或授权评估者的帮助。教育背景下的专业发展计划需要基于对学校影响的评估。当然，这可能意味着引进外部专门知识来协助评估或提供更有效的进程（然后还需要对其影响进行评估）。

2. 评价性思考包括解决执行的精确度，不断检查意外后果，并允许调整以最大化结果的价值。

决定学校的项目、创新或改变相对容易。在学习周期中，在正确的时间选择正确的干预措施，然后精确地实施计划，是困难的。这里提到的评估思维技巧涉及确保适当的选择、剂量、精确度、适应和质量，同时不断检查可能发生的意外后果。

实施一个计划就像开车从a点到b点。要清楚地知道目的地是什么样子的，它离起点有多远，预先决定到达那里的最有效的方式，根据障碍和使能器在旅途中适应方向和速度，确保持续前进，加油和照顾汽车是成功的关键。拥有一个提供警告、建议和纠正的GPS是有用的，前提是你不要过度收听这些GPS信息而忘记目的——安全、高效、有效地到达目的地。然而，也有可能是在旅程的中途，你发现了一个更合适、更有趣的目的地——所以在课堂上，准备好通过评估目的地的质量来提高你的影响力。

考虑实施通常需要一个支持者，或关键的朋友，以确保干预为所有学生和教师带来价值，并与所有人合作，倾听他们的起点、旅程和他们对目标价值的看法（记住，从一开始就与学生分享目标或成功标准是非常重要的）。重要的是要确保沟通是开放的，问题以及时和有效的方式得到解决，并建立支持干预的集体。考虑学校周边的问题对于实施干预措施也很重要，以抵御诸如校长更换、教师流动或下一个潮流的干扰。

在通往目的地的过程中，需要注意的是，有证据表明干预措施正在解决其打算解决的问题，并没有带来意想不到的后果。持续的监测应确保干预措施的实施是精确的，但也应允许根据当地情况进行调整（尽管有时一些教师的调整会使干预措施失去创新）。

灵活性和适应意愿是许多商业干预取得成功的公认因素，最近在学校中也被越来越多地讨论。学校的需求和不确定性增加，这对教师的敏捷性提出了更高的要求，即要求教师响应迅速，快速发现新出现的问题或机会，并能够在短时间内进行适应、学习和改进。

适应或分化的概念是强大的。帕森斯等人从假设教室是混乱的、不可预测的环境开始，它们包括了学生在学习中的许多不同阶段，因此教师需要做出调整。这是一种极佳的平衡操作，许多研究模型和观察工具都支持这些适应或分化模式。海蒂认为，教师需要“拥有更灵活、更创新地应用于教学的内容知识，他们更能即兴发挥，并根据课堂环境的特点改变教学……当事情进展不顺利时，他们更容易即兴发挥”。

适应的基本概念已经发生了转变，从20世纪70年代和80年代的关注教师决策，到90年代的关注社会文化和环境变量，到21世纪的关注根据结果进行适应，到最近的多元文化关注不同学生的需求，以及教师的教学如何具体解决这些需求以提高成绩。强加给学校和教师的许多干预措施的一个特点是，教师可以熟练地适应干预的本质，使得他们可以继续使用他们一直使用的方法。正如拉里·库班所指出的，改革可以从海洋的顶部掀起漩涡和波浪，但在海底，教师可以对这一波动免疫，有时甚至没有意识到这些变化，他们很擅长教学，他们一直都是这样做的。适应是一把双刃剑，这就是为什么质疑正在被适应的事物、质疑当前的实践是否可以通过适应而得到改善、质疑教师如何思考他们对学生的影响是至关重要的。

这样的思考是学校作为一个学习型组织的核心元素，所有人都致力于持续地、合作地培养学校对所有学生的成功影响，鼓励所有员工参与决策，并在改进方案的选择和实施方面成为评估心态的一部分。它有助于协作地构建一个程序逻辑或变更理论，并有勇气根据执行的行动、驱动力和障碍来再访、修改和改进。

考虑实施需要评估干预的实际效果，并将其与导致干预的已证实需求的诊断相匹配。迈克尔·斯克里文称之为无目标的形成性评价。一个独立的评估者（或学生）应该能够从实施、学生工作的产物和与学生的讨论中辨别目标的性质和价值。这种方法有助于清晰地实现目标（在一开始和实施过程中的关键时刻），确定并分离副作用（未预料到的需要）和可能从一开始就没有考虑到的未预料到的副作用和不想要的副作用。该方法欢迎改变方向，允许更快或更慢的移动，要求更多的输入（知识、资源、时间），并帮助建立一个团队对干预的所有权。

这里的核心概念是检查意外后果。作为人类，教师也有认知偏差（认知上的系统性错误），目前已知的这种偏差超过180种（见www.visualcapitalist.

com/every-single-cognitive-bias/）。这些偏见会导致错误的解释，从而导致教师干预效果不佳，教师对下一步的决定过于仓促，从而降低了对学生的影响。正如诺贝尔奖得主丹尼尔·卡尼曼所指出的那样，这些偏见通常是我们“思维快”的那部分做出的决定，而“思维慢”的那部分应该得到更多的信息和时间来解释。当我们快速思考时，我们往往依赖于无意识的线索，渴望快速和更自动的解决方案，因此经常急于做出判断；当我们缓慢思考时，我们会寻找其他的解释，寻找更多的证据，并检查我们的解决方案是否最优。柏利纳在他对专家教师的研究中指出，他们比非专家和新手花费更长的时间来处理课堂困境的场景，因为他们比非专家和新手更有可能收集更多的信息，并检查他们的假设。

一些更强大的偏见包括确认性偏见（倾向于寻找证实而非否定的证据来支持诊断或影响）、锚定性偏见（倾向于过分强调学生的特征）。教师应该总是问，如果他们的教学没有产生必要的影响，他们会接受什么证据，哪些学生没有取得预期的进步，他们的教学有什么，以及哪些（在内容和理解方面）是不成功的，需要改进（或重新教授）。

第二种评价性思考技巧的主要角色（即处理执行的保真度，不断检查意外后果，并允许调整以最大化结果的价值）是教师作为**干预者**。了解学生能做什么和不能做什么，了解最佳干预措施的证据，是成为能够干预以提高学习速度、质量和深度的实施者的先决条件。干预型教师需要了解多种干预措施，以便在当前、学生和环境中选择最优的干预措施。他们需要成为一个问题解决者，以评估干预何时起作用，以及为什么起作用，而且能够区分最大化表面学习（内容、事实、想法）和深度学习（相关想法）的干预，并包含转移到新情况或新问题的技能。干预型的教师需要教导学生了解关键思想，并使用心理学的学习进行适当干预，帮助学生获得学习的最佳策略。最关键的是，干预型教师需要知道，当干预不再有效时，需要做什么。

另一个角色是教师作为**学习专家**。教师非常了解学生是如何学习的，如何将错误和无知视为学习的机会，以及如何在学生处于学习周期的情况下构建具有挑战性和邀请性的成功标准。教师需要教学生学会在不同学科背景下学习。

3. 评价性思考的重点是针对每个职业所要做出的主要决定：对于教师来说，它关于对学生学习的影响最大化。

这里的论点是，评价性思考的主要属性集中在每个职业或学科旨在做出的主要决策上。这一学科的共同主线是评价性思考的目标：在法律方面，与法律保持一致；在医学方面，诊断和减轻疾病；在评估的情况下，有关于价值的捍卫决策；在教学中，理解并最大限度地影响学生的学习，直至取得成就。因此，每个学科都需要知识来实现这些目标。

例如，在法律领域，法律推理可能需要不同法律体系的专门知识，包括民法、公司法、教育法、家庭法、青少年法和税法，以及特定法规的知识；医学思维需要一般和专门的循证知识，以改善疾病或最大限度地以健康为目标；数学的教学推理需要转移基础知识、计算数学以及代数、三角和微积分等学科的性质、证明和定理。

影响的意义在本书前面已经讨论过了。这里的主张是，教师需要能够识别并捍卫影响的概念，特别是那些涉及每个学生的中心地位的概念。

4. 评价性思考包括调查可能导致错误结论的潜在偏见和混淆因素。

一个人的思想可能是错误的，或者被部分信息所误导。教师可能不完全了解最佳诊断或干预措施，也可能用错误的视角看待每个学生或班级。如前一章所述，课堂可以从多个角度来看待。因此，教师的评价性思考需要他们意识到可能导致错误结论的偏见和混淆变量。

我们对课堂中所见的东西的解释可能是有偏见和错误的，导致我们对评价性思考的本质提出了看似不相干的主张。斯克里文强调了能够将构建不良的评估结论与有价值的结论区分开来的重要性。豪斯认为，评价性思考只不过是说服行为，因为判断的环境是动态的，最近还概述了影响良好评价性思考的主要偏见。巴克利等人声称，评价性思考是一种认知过程，其动机是好奇心和对证据价值的信念，其中包括：识别假设；提出深思熟虑的问题，通过反思和透视追求更深刻的理解；并做出知情的决定，为行动做准备。

每个人都容易有认知偏差（认知上的系统性错误），这些会对教育决策产生负面影响。行为经济学家已经记录了80多个认知偏差。如果不加以控制，这种偏见可能会阻碍教学质量的提高。最常见的偏见是信息的错误合成和确认偏见（倾向于寻找有利于先前信念的证据）。

其他常见的教学偏见包括自我实现的预言，或确信自己的教学是有效的，并寻找支持这种预言的证据；“鸵鸟效应”，一个人避免寻找可能表明他的教学不起作用的证据；“轶事谬误”，用轶事来捍卫信念；“光环效应”，从有限的互动中推广到所有的学生；还有“非我发明的”效应，教师们避免使用其他的教学方法，因为这些方法是在其他地方开发的。

减少这些偏见的负面影响的两种有效方法是与其他教育工作者一起合

作，探寻自己对学生的影响（因此也就有了教师集体效能的力量）的证据，并不断寻找教学在哪些地方不起作用的证据，比如“关于什么”、“与谁一起”和“产生了什么影响”。波普尔认为，寻求可证伪的证据是科学的核心，同样我们认为也是评价性思考的核心。

教师作为**假设测试者**或作为**问题解决者**，是评价性思考的两个相关角色。就像擅长诊断一样，专家教师也擅长形成和评估假设。形成假设涉及对发生了什么、为什么会发生的主观判断，或者对接下来可能发生的事情的预测。这样的判断应该具有很高的诊断价值，并寻求证据来评估假设的正确性或准确性。更有力的是，这些判断应该被证伪。

斯蒂恩·拉森将这种证伪的概念追溯到卡尔·波普尔的著作和德国哲学家和社会学家尤尔根·哈贝马斯的主张，即每一个话语、每一个交际表达、每一个言语行为原则上都可能是错误的，也就是说，可能会出错。这种观点被称为易错论。这种容易出错的理论对教师的立场而言是非常重要的。举个例子，我们对人类历史的了解是基于我们拥有的知识，我们所知道的明天可能会发生巨大的变化。例如，我们现在知道，我们拥有4%的尼安德特人基因，但这是我们四五十年前不知道的。因此，重要的不仅是形成和评估假设的技能，还有进行这种评估所需的解决问题的技巧。

5. 评价性思考与理解他人的观点有关，导致价值或价值的判断。

评价性思考的一个关键属性与一个人如何得到价值主张有关。史万德引用了艾琳·史赛克的一篇演讲：

评价性思考意味着关注人们做出的价值判断（例如，听这样的语言：太好了，他做得很好，他们真的越来越好了，以及有效、改进等词语），并质疑这些判断是如何得出的，以及有什么证据可能存在来证实价值主张。

这种方法包括质疑他人的主张，对证据进行三角分析，理解在理解他人的思想和决定时经常出现的矛盾。这是一种批判性思维。

评价性思考是应用于评估环境中的批判性思维，其动机是一种好奇的态度和对证据价值的信仰，包括确定假设、提出深思熟虑的问题、通过反思和采取视角来追求更深入的理解，以及为行动准备作出决定。

在提出“影响”问题时，我们注意到了道德上的责任，问题的答案涉及学校教育的目的、课程的选择、教学方法，以及我们与学生、家长和同事说话的方式等等。公平、尊重、可靠、诚实和善良的基本原则需要始终存在于职业中，这些可以在与学生和其他人的每一次互动中看到。杜威也做了同样的评论：“教师做的每一件事，以及他做这件事的方式，都会激发学生以某种方式或其他方式做出反应，并倾向于以某种方式或其他方式设定学生的态度。”

大多数系统都有道德规范或道德行为，尤其是新教师，可以帮助他们了解什么是允许的，什么是不允许的（确实可以有很好的界限）。教师们不断面临着对这些界限的考验，比如给成绩一般的学生及格的压力，满足父母对特权的要求，与教师自身道德行为相抵触的学校政策，对同事忠诚的文化规范，以及与争议性话题相关的问题。

理解他人的观点要求教师知道如何验证自己的思考、论点和判断；他们知道如何合作，如何倾听他人的观点，包括在提出自己的解释时；他们有高度的自我意识，渴望寻找证据，倾听，质疑，并批判性地思考他们的诊断，干预措施的选择，实施，以及评估这些选择的影响。

与这种评估技能相关的角色是作为合作者的教师。这至少需要3种技能：与他人合作的技能；具备倾听、互动和与他人交谈的自信和人际交往能力；相信与他人合作比独自完成任务能产生更好的解决方案或收益的能力。同理心经常被认为是在课堂上发展信任和公平感的重要特征，也是关爱哲学的基础。同理心不仅需要倾听他人的观点，还需要表达你已经听到并理解了这些观点。它是使教师的集体效能发展所需的主要技能之一，有很多关于如何发展这种技能的新证据。

结　论

这里的观点是，评价性思考是一种推理方式，需要成为一种过度学习的行为。专业教师有更强的模式识别能力，更善于检查偏见和约束，更能监控判断，更有可能寻求替代行动。专家们对问题表述和结论的反应较慢，他们尝试通过别人的眼睛看世界，更定期地检查问题陈述，并精通评价文献（理论和实践）中的技能和观点，以便更好地整合它们，从而做出更直接和自动的选择。

第三部分

Part 3

教师专业成长的启示

6

第六章

职业中的专业主义

在本章中，我们要讨论与专业相关的属性，并提出当前形式的教学是否具有这些属性。我们认为，一个明确的、集体的、一致同意的知识基础和相关的专业知识对于将教学作为一种真正的职业被加以重视至关重要，并且，根据前面的章节，我们提出了教师知识的组成。

什么是职业？

从古至今，关于一个职业的核心属性、谁应该是进入教学的把关人、教学是否被视为一种真正的职业是否重要等问题，一直存在着无尽的争论。其中一些指标包括：证书和许可级别，为个别成员提供入职及辅导计划，专业发展支持，专业化，在决策方面的权威，认可专业知识的薪酬水平，一套监督行为的原则和道德准则，以及声望和职业社会地位。职业意味着商定指导职业行动的公认的知识和原则的集合：医生有案例研究和系统审查，律师有判例法，音乐家有诠释的标准。问题是：教学是否可以制定公共协议，并在实践过程的决策中使用此协议？

对职业的定义，最常强调的是道德标准和承诺（“不伤害”）、专业标准和认可、拥有专业知识和技能的重要性，以及公众认可这些属性。这些领域的专业实践是基于这样一种理解，即从业人员使用判断和知识的方式符合专业本身和社会所期望的。这些原则在法律、音乐或医学等职业中很容易得到认可。这些和其他公认的职业指导原则一样，都与该职业的专业知识和在社会中的角色有关。问题的解决和决策的制定依赖于这个专业成员拥有的专业知识基础。专业知识的形式化允许不同层次的抽象和专门知识，以及随后的提升和地位的承认。“抽象知识”的概念源于知识库与实践技能或策略的相互作用，这些反过来又为新的战略和知识的发展创造了条件。抽象的特征是职业的最佳标识。

从事一项职业的群体成员持续地、集体地评估他们的认知、思考和行为方式，以改善和最大化这个职业所服务的社会成员的积极影响。专业人士有责任通过参加正式培训和专业阅读来保持和更新他们的知识和技能。专业团体负责监测质量，传播知识，并创建实践标准。专业人员和培训机构应对这些标准负责。

职业和评价性思考

为了说明关于专业知识和评价性思考的基本主张，我们有必要考虑一下在其他专业领域，尤其是法律、医学、工程和音乐领域，是如何解决复杂问题的。我们采访了这四个行业的同事。

首先，我们采访了一位法律系的资深同事。她认为，法律职业受到一种道德框架的约束，这种框架涉及为客户和社会服务、自我调节和公认的法律概念。知识的语料库在澳大利亚被称为11祭司，即11个基于知识的主题。在法学院，对于知识和实践经验之间的平衡存在着争论。传统的法学学位包含大量的内容主题，其中包括假设。学生需要在假设的犯罪行为中识别法律问题，并进行法律分析。在这位教授监督的项目中，重点是评价性思考的重要性，包括推理、批判性思维和评估证据，从而得出“下一步”的建议。与医疗职业不同，律师必须查明事实和论点，寻找弱点和局限性，并以怀疑的态度，在不提出诱导性问题的情况下确定一个事实。我们的同事说：“法律思维是审视自己的实践，找出最坏的情况或案件中最薄弱的地方。”此外，虽然律师拥有自主权，但他们确实需要他人作为专家、同行和顾问。

在采访一位音乐教授兼管弦乐队指挥时，这位指挥也谈到了思维的精准性。在管弦乐队中，指挥的作用是激励乐队成员一起发声，把乐队成员融合成一个整体的声音。在指挥过程中，需要建立关系和心理学，检查执行的准确性和处理可能出现的意外后果，并相应地调整方法。指挥家从一开始，在实际演出之前，就对演出有了设想，进行预期。

在对一位工程学教授的采访中，这位教授强调了他的职业的3个主要特点。首先，工程师需要知道最终产品是什么，因为所有的假设和测试都是在设计过程中完成的。工程师需要在实际项目开始前提供证据。其次，解决问题受到高度重视。我们会提出问题并使用证据，对问题和解决方案进行假设，通过实验、模拟和计算来验证假设。我们需要相信这就是解决方案，并以证据为基础找到解决方案。我们观察标准流程，并利用专业知识来创造设计解决方案。实验是为了找出问题所在，咨询证据和研究文献让我们对设计过程的成功更有信心和确定性。还需要拿出证据，证明解决方案是可持续的。如果某些东西需要修复或需要一个新的仪器，这就涉及一个新的测试过程。协作是不可或缺的，工程师需要不断地咨询他人。工程师是务实的，他们会请专家来处理过程中的特殊部分：跨学科合作让我们找到一个可能的解决方案，这也是一个创造性的过程。

我们还采访了一位医学教授，他强调知识基础、循证试验和补充性意见的力量。如果问题没有得到正确诊断，这将是一个重大问题。在复杂的医疗案例中，解决问题的团队将由高级外科医生或内科医生领导，并由相关领域的专家、注册医生、护士和其他相关健康部门的人员支持。最终，团队拥有的专业知识导向了所需的诊断和干预方法，从而得出最佳结果。例如，当遇到听力有问题的病人时，听力学家会关注听力问题的本质、由此产生的沟通障碍以及根本的和潜在的原因。背景因素，如患者的年龄，在诊断中是重要的。在这个阶段，听力学家已经在考虑进行诊断和干预的可能性。确定病人意识到出现这个问题的时间很重要——它是逐渐发展的，还是突然出现的？病人从小就知道吗？患者是单耳听力困难还是双耳听力困难？最近有受伤吗？根据患者的反应、初步测试和听力学家以前的经验和专业知识，必须决定是否需要紧急治疗。如果不是，听力学家会做进一步的测试来诊断问题是否与外耳、中耳或内耳有关。所有来自测试的证据、与患者的互动以及听力学家的专业知识将提供潜在病因的信息。听力学家可以咨询其他专家，并从测试中寻求结果，然后决定采取适当的干预措施。

教学作为一种职业与其他职业有许多共同点。来自法律、工程、医学和音乐（虽然程度较轻）专家的信息得出这样的结论：职业受到内容和知识基础方面规则的约束，如果不遵守协议，就有可能受到（合法的或其他的）惩罚，我们有不伤害或不误导的义务，高度的刻意练习（假设、模拟病人、计算机辅助设计）是至关重要的，对成功的先见之明是必要的，专业人士需要能够创造设计解决方案。有一个公认的，尽管更新和变化的，已建立的知识和实践的感觉，以及对这个知识库的改进的高度敏感（它不是在毕业时具体确定的）。基本的评估技能包括解决问题，使用证据，预测，寻找反驳意见和弱点，给予和欢迎补充性意见的特权，激励想法的产生，以及与他人合作时社交敏感性和关系技巧的必要性。这四位专业人士的实践的核心是一种特殊的思维方式。跨专业的评价性思考包括对数据和证据的使用和批评，以做出价值的情境化判断，以及调查可能导致错误结论的潜在偏见和相应修改观点的能力。像其他职业，包括医学和工程，评价性思考还包括确定现有的情况，设计解决方案和策略，测试假设，根据环境变量做出调整，并使用证据来指导未来的实践。

在教学中，学生是有效和专业的教师实践的中心。这类似于在医学和法律等职业中病人或客户的中心地位和独特性。虽然医学上的“诊断”意味着医学上的缺陷或疾病，但它也包括确定患者的情况、恢复力的程度和对健康的渴望。对于教师职业来说，“诊断师”的角色包括从一系列证据中确定学生下一步准备学习什么，以及最好地培养这种学习。了解病人或学生的病史分别是医学和教学的基础。根据对证据的持续评估和对背景因素的认识以及这些因素可能如何影响学生的进展，教师区分和调整干预措施，就像良好的医疗实践包括适应解决每个病人的需求和合理的期望一样。

像其他职业一样，教学可以建立在过去积累的知识和经验数据的基础上。但对于这一主张，目前存在很多争议。教学仍然可以声称拥有以自己所知的最佳方式进行教学的自主权，而律师、工程师和医生则必须遵循某些协议或背离这些协议，只要他们能提供成功可能性增加的证据。

一个专业的知识基础和思维方式的建立和传播是其职前教育和培训理

念的基础。例如，工程教育和培训是基于开发独特的工程技能和知识——工程方法。通过工程方法来训练是一种世界观的灌输，理想情况下，这种世界观的建立从入校的第一天就开始了。医学和法律教育也是如此。专业团体和监管机构监督这些理论、实践和技术知识，以及将这些要素纳入教育和培训，这些机构根据其各自的方法和实践的结合对课程进行认证。

"教学方法"和"世界观"是什么样子的，以及如何将它们融入教师的职前教育是值得思考的。在澳大利亚，教学方法与特定的学科内容和教学法联系在一起，特别是与中学教学有关。这本书认为，循证实践和评价性思考必须是跨学校、部门和系统、跨教育水平的"什么是教学"的基础。这种评价性思考取代了对特定教学方式的辩论，并且确实允许多种方法，在正确的时间明智地使用，以改善学生学习中出现的问题，并向教师提供正确的反馈，告诉教师他们的诊断是否成功，以及方法的选择和影响程度。

另一个常见的元素是对协作的依赖。它是律师、指挥家、工程师和医生执业的组成部分。他们知道自己知道什么，知道自己不知道什么，某一专业领域的专家会系统地寻求和使用其他领域的专业知识。知识的转化是通过协作来创造协作专业知识的。一个医疗团队的成员一起解决问题，但他们的专业知识和责任丝毫不会因合作降低影响。然而，在教学中，当教室的门关闭时，这种做法往往是私人的。许多教师仍然认为自己需要成为独立的操作者，想要与学生单独相处，沉浸在自己的教学热情中，不愿意咨询专家同事，也不愿意借鉴他人的专业知识来规划、实施和评估自己的实践及其对学生学习的影响。

现在迫切需要将"寻求补充性意见"合法化。

教书是一种职业吗?

那么，教书是一种职业吗？几十年前，哈里·布鲁迪等人就回答了这个问题。布鲁迪认为，对这个问题的漠视可以归因于大部分女性教师队伍，她们的主要目的是结婚（回想一下，这是20世纪50年代），因此将教师视为“为其他事业做准备的时间经济标记”。在20世纪90年代，柏利纳回应了这些观点，认为教育是“女性的工作”的观念导致了教育与传统的“男性领域”（如工程学）相比价值的下降。影响教学地位的另一个因素是它是一种“大众职业”。与法律或医学等其他职业不同，教师拥有相对庞大的群体。据估计，在一些国家，每30名劳动力中就有1名是教师。这些统计数据可能不利于教师的地位，教师可能被认为是无处不在的，比不太常见的专业从业者更不重要。事实上，大多数职业都小心地保护自己的数字比例，并持有难以进入的标准，以维持自己的地位。医学、音乐和法律等职业在社会上保持着较高的地位，部分原因是它们的大学培训项目招收的学生相对较少。因此，这些项目的位置通常是非常受欢迎的。这些职业的公共地位也与相关工作的目的有关——这些工作是社会运作的基础。关于后一点，教师培育年轻人的工作当然是与医学和法律一样作为一种职业。

那么，在今天，教师还有什么方面符合职业的属性呢？学校系统认为世界上最成功的价值教学是一种职业，并将其成员视为训练有素的专家，他们拥有一套高度复杂的技能，包括诊断、干预和评估他们的方法对学生学习的影响的能力。但事实是，在一些司法管辖区，教学标准低下，而在另一些司法管辖区，教师对如何教或教什么有不同的专业信息或知识。

例如，在澳大利亚，教师的专业知识没有得到应有的重视，教学往往被视为一门技能而不是一种职业。正如我们在引言中指出的，教学是一种没有实践的职业。相比之下，在一个真正的职业中，个人对其知识体系和实践没有自主权。在教学中，“专业主义”似乎常常被用于特定的情况。教师倾向于认为其他从业者要么是“好”要么是“坏”，这取决于根深蒂固的个人属性。埃尔莫尔认为，这种教学观点是有限的，是“反专业的”，因为它有效地排除了教学改进的可能性。

另一种观点是，在一个职业中，薪酬在很大程度上由专业知识决定。在这种情况上，教学在很大程度上也会失败。例如，在爱尔兰，教师每年有26次加薪，而在澳大利亚，教师有10次加薪，都是基于经验，之后教师需要进入管理和行政岗位以提高薪酬。目前在澳大利亚，薪酬等级的晋升很大程度上与多年的经验而不是显示的专业知识相关，虽然教师毕业生开始他们的职业生涯时拥有相对稳定的工资，但工资的增长幅度远低于其他职业。澳大利亚教师的薪酬也相对低于其他经合组织国家，如芬兰。在重视教师经验的系统中，专业知识几乎是无关紧要的。这与在某些情况下每一两年就会出现的教师绩效工资的争论不应混为一谈。施普林格等人回顾了44项关于教师绩效薪酬的研究，发现教师绩效薪酬对学生考试成绩的影响很小，甚至为零（0.05标准差）。

我们的主张：教学是一种职业

尽管教学在某些主要标准上不合格，但在上述大多数指标上，它都可以被归类为一种职业。现在，大多数教育系统都制定了一套进入这一行业的原则、道德准则和最低标准（关于这些是什么或应该是什么存在着激烈的争论）。还有诱导（不同程度的成功）、专业化、专业发展和在地方一级的决策权威（尽管可能太多了）。正如这本书所指出的那样，教师这个职业确实包含着深层次的专业知识。所以，我们的答案很简单：是的，教学可以被归类为一种职业，在某种程度上，我们同意专业知识的存在和性质。从拥有一套成文的、公认的证据基础开始讨论，我们对教师如何评估他们的影响的方式有更深入的理解。但是，这个行业仍然有很多工作要做，以说服公众，通常是教师同行。教师们共享深层次的专业知识，从而成为一个职业的成员。

当然，这并不是说每个教师都具备各种水平的专业知识，坚持一系列的原则，并有很高的道德规范。我们并不是说每个人都同意“既定的做法”。同样，我们也不会说所有的医生、护士、工程师等都符合这些标准。但确实有很多教师拥有这些深层次的专业知识，他们拥有很高的道德准则。也许，不像许多其他职业，教师不愿意提升，不愿意承认，不愿意为他们的专业知识寻求补偿。有人声称，“每位教师都是平等的”，因此，教师的薪酬应该基于教师的经验，而不是课堂上的专业知识。

另一种主张：教学是一门技能

有很多因素削弱了教师作为一种职业的职业身份，因此它可以被更多地归类为一门技能。例如，考虑到课堂上业余人员的不断增加，即教学助手，他们受到教师、家长和系统的欢迎。在英国，现在学校的助教和资源人员比教师多，学校工资预算的近30%都花在了助教上。布拉奇福德等人发现，助手对学业的要求比有资格的教师低，更强调完成任务而不是确保学习或理解，倾向于在语言和认知上“关闭”而不是“打开”学习对话。如果助理被分配给最需要专业知识的学生，这对教学职业来说不是一件益事。

家长们用来选择学校的教育券或基金的增多，以及对创建不同类型学校（特许学校、信托学校、学院）的关注，导致了对家长或企业办学和提供关键方向的重视。此外，要求自治的呼声（通常被翻译为“本地市场的人才”）不断出现，这被认为比建立和使用一个专业知识和知识库来经营学校更重要。希望教室私有化的教师可能会反对其他教师进入他们的领地，他们彼此之间很少谈论教学的行为或影响（更喜欢谈论学生、课程、考试和管理）。此外，在澳大利亚最近有一场关于进入初任教师培育所需的低学术标准的辩论，许多教师培育工作者和教育主任（声称其他个人属性，如沟通或喜欢学生更重要）为这些低标准辩护。在英国，最初的教师培育现在更多的是在学校而不是在高等教育机构，具体化了技能带来技能知识的概念。

职业引领职业：标准的上升

另一种观点认为，教学作为一种职业的加强和提高需要教师自己来实施。教学必须承认和赞美教学知识基础，并以类似于医学、工程和法律等职业的方式使用研究和理论。教师的所有权在专业中至关重要。

当然，以澳大利亚为例，在过去的十年中，澳大利亚学校教师和领导者协会（AITSL）等机构的建立提升了教学的专业性，并制定了教学道德规范。澳大利亚教师和学校领导者协会的使命是“促进卓越，使教师和领导者在澳大利亚所有学校和儿童早期环境中对学习产生最大的影响”（https://www.aitsl.edu.au/about-aitsl）。这表明，为了促进这种影响，我们需要特定的认知、思考和行动方式。在这个使命声明中还隐含着，教师职业的成员需要利用一个完整的知识体系，并以专业标准为基础。

教师培育项目的认证有公认的实践，所有的元素都定义了一个职业。在澳大利亚，所有教师最初都被归类为毕业生，然后在两到三年内申请并获得能手身份。许多人会在整个职业生涯中保持这个水平。教师可以通过类似于全美职业标准委员会的严格程序申请成为有高度成就或领导教师。

最近，澳大利亚杰出教师人数的快速增长催生了一个全国性的组织。一些州政府承诺将澳大利亚杰出教师的数量增加到劳动力的5%—9%，并对这种专业知识有助于将教学定义为一种职业表示欢迎。澳大利亚杰出教师的存在也被用来反驳所有教师都是平等的言论，并引发关于他们在系统中角色的讨论。一方面，成为澳大利亚杰出教师是对优秀的一种认可，并不是一种额外的职责。许多澳大利亚杰出教师想要知道他们如何在保持课堂教学的同时与学校内外的同事合作。其中一个例子是，志愿者通过澳大利亚教师和领导者协会构建的“我的就任”（My Induction）应用程序回应研究生教师的询问，让新教师无论在哪里都可以访问（https://www.aitsl.edu.au/teach/start-your-career/my-induction-app）。

薪酬需要更多地与专业知识挂钩，而不仅仅与经验挂钩。虽然卓越的专业知识（如澳大利亚杰出教师们拥有的）需要通过额外的薪酬计算来确认，但这种过程的结构需要透明和严格。在其他公认的职业，如医学和法律，职业路径和阶段以及相关的回报都有明确的定义，一些国家的学校系统采用了这样的结构。进一步的激励和专业发展也可以作为这些过程的一部分，如在新加坡，教师被提供学习资金或在其他环境中教学的机会。鉴于对学生影响的一些衡量标准的绩效薪酬缺乏积极证据，澳大利亚一些州探索出了另外的做法。

想象一下你在任何一个领域获得了博士学位。这并不能保证你的薪水会增加，但拥有资格证书可能会带来机会，并允许你申请与更高薪酬相关的职位。或者，你从医学专业毕业，这并不意味着你就会自动成为一名外科医生并获得相应的薪水——相反，它会让你有资格获得需要外科医生资格的职位。类似地，学校也可以为优秀教师提供职位和相应的高薪（就像在南澳大利亚州发生的那样）。通过这种方式，系统可以确保这些澳大利亚杰出教师位于特定的学校（那些需要特定专业的学校，或在不利的领域，等等），并可以控制工资预算。澳大利亚杰出教师们在成功地获得这些职位后，会获得更高的报酬。

教学的知识基础

要被公认为高水平专家，教师是否具备专门的、成熟的知识基础？许多教学知识都集中在：主题内容知识，教学内容知识，课程知识。然而，根据海斯和赫加蒂的研究，关于影响教学有效性的知识很少被放在教学内容、如何提供职前或初任教师培育，或教学职业的部分行为规范的最前沿。不像其他职业，有具体的解决问题和实践的方法，这在教学中没有太多的情况。

教师经常声称他们职业的本质是基于他们的自主性。但在一个真正的职业中，个人对自己的知识体系和实践没有自主权。此外，教育工作者没有严格控制谁可以实践的条款和条件，他们没有一个清晰的知识体系，他们缺乏明确的问题解决方案。通常，教师声称他们的专业学习和专业知识来自经验，虽然这种经验很重要。即使是“好”教师也很少参考理论或研究语料库来解释或支持他们的课堂实践。

研究信息理论的使用对教学职业是至关重要的，这种教学的基本知识需要以鼓励对教学和学习的共享和深刻理解的方式进行概念组织和交流。教学的专业实践需要有意识地使用公认的理论和研究，为教学策略的计划和实施提供信息，这些策略可以根据特定学生的需要采取或调整。教师始终是学习者，这对教师职业来说也很重要。教师需要不断更新和提高自己的知识和技能，并在合作实践中借鉴他人的专长和知识。

在第二部分中，我们讨论了在发展循证实践的过程中嵌入一些特殊的思考方式——我们称之为评价性思考，我们声称这些是有效教学的标志。我们已经为这些说法提供了论据，并认为有系统的、大量的研究证据支持这些说法。正是这种评价性思考，使教学成为一种职业变为现实，因为它是严谨而复杂的，可以被编纂和教授，并对学生的学习生活产生巨大的影响。

与评价性思考相关的诊断技能使专家能够深入了解学生对概念的理解和误解，以及在整个课程背景下开展下一步行动。称职的教师将课程传授给班上的中层学生，而专家型教师则有能力满足班上每个学生的学习需求。在本书的其他地方，对这类专业知识的发展进行了更详细的描述。总而言之，认为教室里的每个学习者都有相同的学习目标和挑战，会忽视了他们的个性和潜力。从一开始，为每个学生争取优秀的学习应该是每个教师的目标。教师的角色不仅仅是满足每个学生的需求，而是帮助学生超越他们自己的潜力。

干预技能使专家教师能够设计出影响学生学习效果的课程，而评估技能使专家能够展示其对学生学习影响的证据。正如尚托所说，专家是那些在他们的专业领域内被公认为具有必要的技能和能力，以达到最高水平的人。相比之下，缺乏阅历的决策者在某一特定领域几乎或根本没有做决定的技能……新手在技能和知识方面处于中等水平。在尚托的专家能力理论中，专家技能取决于五个因素：领域知识、心理特征、认知技能、决策策略和任务特征。学生的学习行为与任务特征有关，在某种程度上，在成功干预后这些应该是什么样的有一定的可预测性和一致性。当考虑到这些时，就不难看出为什么有些教师会比其他人更专业。所有人都需要至少精通一个方面，但专家在大部分（如果不是所有）方面都很擅长。

结　论

我们的论点是，教学必须被定位为一个协作的、循证实践专业，其中评价性思考的专业知识是核心。

教学作为一种职业是基于跨学科的专业实践的共同理解。教师的职业身份建立在道德规范、实践标准以及特定的认知、思考和行为方式之上。教学评价思维的核心是对学生学习和成长的影响。这与专业学科知识和儿童发展的理解相结合，从早期到义务教育后的中学教育。这些知识有一个目的，那就是对学生的学习生活产生影响，使这种影响足够高的基本技能是评估教师对每个学生的影响的技能。

循证教学专业要求所有从业者通过使用证据来最大限度地推动学生的进步，从而诊断学生的学习需求，实施适当的基于研究的干预措施，并持续评估对学生学习的影响。这一证据需要从测试和作业信息，以及倾听学生关于他们参与和成功学习的信念的声音中进行三角分析。

在未来十年，教育劳动力的发展需要基于这些属性，这些属性需要被正式承认并纳入政策、教育结构和教师劳动力条件中。教学作为一种职业的巩固，其专业的知识基础和实践，强调协作，并重新设计的职业结构和条件，将使教学成为一个更有吸引力和可行的选择，无论是在智力方面还是实践中。这些因素都有助于磨炼他们的专业知识水平，反过来，他们的领导能力。新教师的发展准备是下一章的重点。

第七章

培养教师的专业性

在有效的学校系统中，未来教学的基础是高质量和一致的职前教师教育（ITE）项目，以及对教师专业学习的持续投资。这些初任的教师培育项目有着悠久的历史，通常为期3到6年，培训重点是课堂管理、主题知识、教学技巧，以及如何成为专业人员。这一教师培育项目通常在学校开展，目的是帮助教师提前深入教学工作之中，但这一基本前提有许多修改。例如，在人口约2600万的澳大利亚，有近400个职前教师教育项目，直到最近，还没有一致的评估工作，几乎没有相关的影响证据。人们基本相信每个项目都是独特的、有效的，并且至少受到了教师培育者的喜爱。只有30%到40%的毕业生声称职前教师教育项目对他们的课堂学习是有效的。最近的毕业生甚至声称是课堂经验而不是大学，还有学校里一到两个特定的教师模范，以及他们对最好的教师的记忆对他们的教学形式影响最大。

利伯曼等人撰写了一系列有关西方世界教师培育的文章。在一些制度中，为了满足大众对教师素质的关切，似乎经常采取降低标准的措施，也经常采取加强标准的措施。在另一些国家，教学被视为一项长期的职业，人们可以随着时间的推移成长为领导职位，并发展专业知识。利伯曼给出了一些有前途的举措，包括通过设计周到的课程和在支持良好实践的环境中整合高质量的循证工作来连接理论和实践；运用专业的教学标准，关注关键知识、技能和性格的学习和评价；建立基于专业标准的教师绩效评估，将学生的学习与课堂教学联系起来。其他有希望的举措包括建立入门模型，通过熟练的指导、协作计划和减少教学负担来支持初入教师；发展职业阶梯，让教师在教学、指导、课程开发和领导力方面发展和分享专业知识。

举几个例子：莱顿大学用一套模块取代了传统课程，旨在帮助新教师发展6种关键的教学角色：学科教师、课堂管理人员、青少年心理学专家、学校组织成员、同事和专业人员。乌得勒支大学认识到，当教师首次进入自己的班级时，会出现典型的“现实冲击”，因此在职前教师教育项目中加入了更多的实践经验。

课程应该更多地关注知识还是应该更多地关注实践本身？教师培育工作者经常在这两种课程方法之间摇摆不定。知识倡导者的日子过得很艰难，因为与教学相关的知识体系已经变得非常庞大，而实践重点也对初任教师的要求如此之高。肯尼迪提出了4种方法，她称之为“解析”。第一种方法是“教师做活动”，这包括列出教师实际做的所有活动，所以这些“要做的事”的知识和实践是教给新手的。这个列表延伸到数千个，并没有区分好的和糟糕的教学和实施。第二种方法是与学生互动时“教师动”。安德森等人设计了一份清单，列出了22个与学生成绩提高最相关的动作，为教师编写了一份描述这些动作的手册，并要求教师在整个学年里记录自己教室里的这些动作。以下4个“动作”说明了这个方法：

1. 教师应该使用标准的、可预测的信号来引起学生们的注意。

2. 课程的介绍应该给出一个概述，让学生在心理上为演讲做准备。

3. 教师应该让学生们重复新单词或发音，直到他们说得令人满意。

4. 为了让小组里的成员在回合之间时刻保持警觉和负责任，教师应该偶尔问一个学生关于另一个学生之前的回答。

肯尼迪提出的第三种方法是制定核心原则，即确定可观察行为的更广泛的模式。举一个例子，历史教师确定了以下核心实践：历史来源的选择和改编，历史写作的塑造与支撑，建模和支持历史阅读技能，使用历史问题，评估学生对历史的思考，让学生参与历史研究。这些模式不像从过程-产品研究中衍生出的动作那么小，也不像“要做的事情”列表所描述的一般活动。

第四种方法，也是肯尼迪偏好的方法，是从以下5个挑战的角度进行分析：

1. 以一种能让初学者理解的方式描绘课程，并决定如何从发生在特定空间、使用特定材料、发生在特定时间框架内的某种现场活动中构建这幅画像。

2. 支持学生参与。

3. 要知道学生理解、不理解或误解了什么。

4. 控制学生行为，减少分心。

5. 适应个人需求。

肯尼迪的主张是，教师需要接受教育来应对所有这5种挑战。承认这些挑战都是困难的，因为所有这五种挑战都是教学工作固有的。这一重点使初任教师接触到这5个知识体系，关注解决方案，并强调关于教学实践的新手概念，这些概念通常伴随新手对自己作为教师的能力的信心。事实上，肯尼迪认为，刚开始接受教师培育的学生不应该过早地参观教室，因为这可能会使他们先前的观念具体化，因为他们仍然以以前的学生的身份通过自己的眼睛看教室，因此不能通过教师的眼睛看问题。

教师职前教育项目的影响证据

证据表明，教师职前教育项目对教师的教学效率几乎没有影响，尽管许多项目宣称，有一些核心知识、实践和理解是未来的教师应该具备的。海蒂等人发现了5种“家族相似性”：

• “马和马车”模式：新教师跟着导师在班级里走来走去，在飞行中学习（就像新医生坐着马车旅行一样，导师给他们讲轶事，说教，传授民间智慧）。

• “年复一年”的模式：使用更多的时间来完成更多的工作。

• “马与课程”模式：基于教师（马）的资格和课程与一些预设的认证标准列表的对应关系。

这三种模式（马和马车，年复一年，马与课程）是学徒模式的变体，因为他们的认证大多基于“正确”的年限、期望的课程性质和教师培育工作者的资格（例如，澳大利亚正从一年改为两年的硕士学位准备，但没有太多的证据来支持这样的决定）。

• “毕业学生”模式：它要求学校阐明他们的毕业标准，然后提供证据，证明所有的毕业生都达到了这些标准。

• “循证实践”模式：如本章所述，是墨尔本大学教学模式的基础。

海蒂等人指出，问题在于缺乏系统的证据基础来支持上述任何一种或所有方法。事实是，认证机构积累了大量的文件和建议，这些文件和建议应该能让人们对这些模型的最低标准感到欣慰。文件可以作为说明性的证据，但这不一定经过了论证。很少有证据表明教师培育机构对其教师候选人的学生有影响。后者是一个更高的标准，但如果教师培育要成为一个以证据为基础的职业，并对教育系统产生影响，这个标准似乎是必要的。

迈耶指出，几乎没有研究可以确定教师培育项目与学生学习之间的直接因果关系。格罗斯曼强调，人们对教师培育项目的影响和教师培育的特点知之甚少，而正是这些特点使教师能够做好教学工作（特别是在贫困程度高的学校，学生最需要最好的教师）。

我们回顾了关于教师培育对刚毕业的教师所教学生的影响的元分析的证据，并注意到这些元分析是多么的少，研究又是多么的少。贝克尔等人分别对这些研究进行了搜索，他们发现质量不一的研究不到100项。现在有4个元分析，总共有93篇文章，只有非常低的0.10的效应大小（在250个影响学生成绩的因素中排名第234位）（见表7.1）。教师培育似乎对即将毕业的教师候选人的学生影响很小。

表7.1　教师培育项目对在校学生影响的元分析证据

作者	发表年份	研究文章数量	有效数	效应量	话题
贝克尔等人	2004	24	192	0.08	认证教师与备选认证教师
贝克尔等人	2004	24	76	0.14	传统教师与应急许可教师
斯帕克斯	2004	5	18	0.12	传统培训与紧急或试用培训
惠特福德、张和卡蒂里昂斯	2017	32	118	0.03	传统与备选课程
凯利和卡米莉	2007	32	105	0.15	幼儿教师教育

虽然不是元分析，但其中一项罕见的随机对照研究涉及将学生分配给44名拥有应急许可证的教师和56名受过培训的教师。研究发现，阅读和数学方面的效应大小没有差异（d=0.15）。得出的结论是，教师培育项目似乎与应急许可证相比有所不同。因此，在这个话题上还需要更多的论证，当然也需要更多的标准，如招生质量、教员、项目和在校经历。

关于教师准备的纵向研究很少，包含合理样本量的研究就更少了。纵向研究要求学校与毕业生保持联系，而这一般回复率很低。例如，劳登等人旨在跟踪1000名考生，从他们最后一年的准备开始到第二年教学结束。但是，低回复率和跟进的困难导致研究集中在专业的差异（例如：四年制本科，双学位，一年研究生文凭，两年制硕士），并停止他们计划学习的后续部分。格罗斯曼等人对10名学生的前三年教学进行了跟踪调查，并指出了培训计划教授反思的重要性、在学校获得课程材料的重要性，以及新教师对学生自主性和学习信念感之间的平衡。

从第一年进入教室到第五年到第七年的教学轨迹是蜿蜒曲折的，当然，在几年之内，准备的冲刷效应是十分明显的。安特伯里等人在纽约市对5000名教师进行了第一年到第五年的跟踪调查。他们发现，大多数在第一年对学生影响最低的教师（62%）在五年后对学生影响也最低。在第一年效果最好的教师中，大多数（73%）是在五年后效果最好的教师。因此，关键是要确保当教师离开教师准备阶段时，他们已经做好了最佳的准备，因为未来五年基于他们在教学培育项目结束时的表现。

未来的教师

正如我们在前几章中所讨论的，有效和专家教学的核心是评价性思考和循证实践。我们的观点是，这些原则——一个真正的循证实践教学专业的原则——需要在职前教师教育和专业发展项目中一致地整合起来。在最近几年，一些机构已经将他们职前教师教育项目与循证实践模式的属性相协调。教师职业的转型需要在职前教师教育内外持续进行教师培育，以便为所有教师的日常工作提供框架。

另一个趋势是许多教师转向在线教师培育项目。2016年，澳大利亚25%（N=22，100）的初任教师通过在线资源为学生传授课程，这一趋势越来越显著。

没有证据表明，与在校学生相比，在线学习并毕业的学生质量有差距，也没有证据表明，毕业生对他们通过学习培养的技能、他们所在机构提供的学习资源或他们教育经历的整体质量的认知存在差异。

在许多在线课程中，科学技术都得到了显著的应用，比如立即上传课堂教学课件、涉及人工智能的分析、学生之间更多的社交媒体互动，分享经验和他们的影响证据，以及通过校内和校内导师的评论更好地跟踪课程进展。

教师教育与循证实践

新时代报告的教师认为，教学应该被视为一种循证实践职业。近20年过去了，教学中的循证实践概念仍存在一定的争议，对“循证”、“诊断”和“干预”等术语在教学中的应用仍存在一些猜测和不安。一些人认为这种对语言的挪用使学生“病态化”，认为学生有缺陷，暗示着冷漠和不学无术。这与事实相去甚远，也歪曲了这些术语的使用方式。我们用“循证思维”这个术语来表示评价性思考、推理思考和批判性思考的平衡。

我们在前面注意到萨克特等人对循证循证医学的论述——它是专业判断与证据的结合，它是在对个别病人的护理作出决定时，认真、明确和明智地使用当前最好的证据。它既不是证据的暴政，也不是意见或反思。判断和证据都不够，它是循证专业知识（熟练程度和判断）与来自系统研究的最佳可用外部证据的明智平衡和整合。

我们理解“循证实践”这个词对一些人来说是冷冰冰的。这本书的一些评论者表明了他们的态度：这个术语暗示了一种狭隘的、高度定义的教学方法。它否定了教学的乐趣，而这正是许多人进入并留在教学行业的原因。另一种说法是，这个术语意味着在专业知识和循证实践方面与医学专业的联系，如循证试验和共享的知识体系。然而，对于不熟悉这个词的旁观者来说，它有冷酷、无情和精确的含义，可能会让潜在的读者望而却步。

也有很多人想当然（错误地）认为循证是从缺陷开始的。评价性思考可以应用于许多职业，学生的中心地位旨在聚焦教师有意增强、改变和提高学生的意图。我们更喜欢教师评价思考的概念，这一概念强调的是思维方式，集体合作做这件事，并强调教学的目的（对学生有明显的积极影响）。

康罗伊等人撰文强调，挪用源自医学循证实践的术语和概念并不是为了简单和不加批判地在教师培育上覆盖一种医学模式。相反，我们可以使用评价性思考的概念，把这些想法重新命名为我们所拥有的。然而，应当指出的是，医学教育的有些方面可以与初步（和正在进行的）教师培育进行有益的类比，而其他方面则比较困难。例如，在医学中，班级规模通常是N=1，医生周围的支持系统与教学明显不同。还要考虑到“不伤害”的基本伦理、第二意见的权力和基本权利、全科医生和专家的等级制度、进入和继续从事这一职业的高门槛，以及医生可能因渎职而被起诉。没有一个医生会自豪地宣称他们在医学院学会了他们需要知道的所有知识。他们不会认为自己可以独立解决面对的所有问题，也不会认为自己可以按照自己认为适当和合适的方式行医。医护人员将他们的工作称为“实践”，这似乎是恰当的，因为他们推断有意的实践是必要的，是与时俱进和对患者健康影响最大化的结果。

阿尔特和高哥卜的论文“作为循证实践职业的教学”概述了循证教学的5个关键特征：客户/学生的中心地位；专业知识和技能；在实践中使用证据和判断；对专业标准负责；在注册成为教师之前要经过严格的学术和实践培训。这些类型的特征是其他循证职业（如医学）的基础。在医学和辅助医学领域（循证心理学、言语病理学），重点是“直接患者护理”，就像在教育领域，重点是学生，特别是他们的学习和幸福。如何将理论与实践联系在一起是重要的。

循证教学模式旨在强调学生的幸福感和情境影响对教与学的重要性。此外，教学中的循证实践并不等同于诊断学生的缺陷，而是旨在利用专业知识来评估每个学生的现有技能和知识以及学习目标，并使用干预（有意的策略）来支持他们的学习发展。诊断强调要了解学生在他们的技能（先前的理解，文化，家庭）、意志（性格，对学校的态度）和兴奋（他们学习的动机）方面对学习的影响。正如那塞奥所指出的，学生们已经知道了大多数课程中所教内容的大约50%。如果材料太难，一些学生就会放弃；如果材料枯燥、乏味或太简单，就不可能学到很多东西。有时预评估会解决这些问题，该模型的基础已在第三章中讨论过。

教师实践教育项目的重要性

教师培育项目的主要目标应该是将专业判断与证据相结合，这样才能对学生的学习生活产生最大的影响。教师培育项目缺乏理论和实践之间的联系，导致一些评论家质疑教师培育者自身的理论和实践知识。与医学教育一样，教师培育者自身也需要具备专业的循证实践能力。鲍恩从医学教育的角度出发，认为教师培育者必须评估学习者的循证技能和推理能力，以促进他们在学习环境中独立发展。同样，教师培育者的作用是观察和指导初任教师收集证据、讨论学生案例、推理过程和得出结论。就像学校的课堂实践者确定年轻学习者现有的技能和学习需求，以便实施适当的干预措施一样，教师培育者需要将同样的做法应用到他们对初任教师的指导中，每个人都将有不同的学习轨迹，因为他们将从新手发展成为更熟练的和专家级的教师。

在医学和教师培育中，培养从业者的评价思维能力至关重要。查林等人认为，从业者在实践过程中通过证据确定情况的重要方面，开始形成和测试假设，并使用他们的知识和经验来指导他们对适当干预措施的决策。这一决策包括批判性思维——我们用来判断应该相信什么以及如何处理患者为诊断和治疗所表现的症状的过程。虽然这一定义来自医学教育的角度，但如果我们把“学习需求”换成“症状”，把“学生”换成“病人”，把“教学干预”换成“治疗”，这些描述同样适用于本书前几章讨论的循证教学和评价性思考的各个方面。

诺尔曼在谈到有效的医学教育时指出，应该教授和测试循证推理，或其众多同义词之一（解决问题、决策、判断）。如果循证推理也被认为是职前教师培育的基础，那么如何支持初任教师发展批判性思考、评价性思考和决策？在职前教师教育中，就像在医学教育中一样，训练循证判断……需要一种谨慎的教学方法，在这种方法中，学员需要时间思考。理论与实践的联系是这种教学法的关键因素，因此理论有可能为实践提供信息，并被实践所了解。

教师实践教育的标准

关于初步教师培育的政策辩论仍在继续，关于如何改进它也有许多宣言。许多传统的教师职前培训模式包括基于提供者的课程，每年有两到三个专业实践单元。在某些情况下，这些理论和实践组成部分之间的关系是很脆弱的。正如我们在本章开始时所指出的，课程包括主题教育学、教育心理学和社会学的一些知识、课程和评估提供，初任教师在实习期间试图将这些内容整合到他们的教学中。当前已经有了改革和建议，如在职前教师教育项目中增加更多的内容，包括特殊教育、土著研究、福祉等方面，将更多的时间放在特定的主题上，并呼吁教师培育人员有最近在学校的教学经验。尽管进行了这些改革，但几乎没有证据表明，大学教育对毕业生质量的影响有所改善，对学生学习的影响也有所改善。

职前教师教育改革是发展未来劳动力的第一步。为了促进这一点，职前教师教育项目需要发展，在某些情况下，需要重新开发，以便理论和实践充分结合。所有项目的重点，以及这些项目中的主题，必须是基于证据的干预教学、评估思维和协作实践，使每个学生的学习成果最大化。要做到这一点，与职前教师教育项目相关的认证过程需要更加严格和一致。

劳登写了一篇极具挑衅性的论文，名为《101个诅咒：对澳大利亚教师培育的持续批评和证据的缺乏》。他指出，在过去30年里，政府至少对澳大利亚的教师培育进行了101次调查，但对课程的性质、质量、政府资助水平或教师培育项目的尊重（或其他方面）几乎没有影响。我们注意到，这些评论中几乎没有引用证据或研究——尽管有许多观点、主张、案例研究（孤立的，几乎总是关于“最好”的学生）和调查（例如，超过一半的毕业生仍然声称他们没有为课堂做好充分准备）。大多数改革都是关于供给方面的：加强课程入学的选择过程；改变课程计划（教授更多的x课程，让更多的新教师担任讲师，在学校有更多的时间）；并完善指导和入职。

劳登认为，这种关注的部分原因是教师培育工作者无法提供关于良好和薄弱的教师培育项目的不同影响的有力证据，无法证明资金充足的项目比资金不足的项目更有效。他们表达了对案例研究和评论的方法论偏好，对实验设计的抵制。他们大声疾呼，要求自主权，要求有创造力和创新的权利。

梅耶尔注意到澳大利亚关于教师培育的争论日益两极分化，从教师准备的市场化到对增强专业自律和半自治的要求。澳大利亚解决方案的主要特点是制定国家专业认证标准，要求毕业生证明他们已做好教书的准备。如第六章所述，教师有国家专业标准，分为3个教学领域（专业知识、专业实践和专业参与），由4个专业职业生涯阶段的描述符组成（毕业、精通、高度成就和领导）。研究生和熟练水平用于教师注册的目的，在完成合格的教师培育项目后确定临时注册和在入职一段时间后确定正式注册。现在监管机构和政府已经广泛接受了这些标准。

在澳大利亚，教师培育部长咨询小组（TEMAG）于2014年成立，旨在为未来的教师培训提供建议。与之前的报告不同，教师培育部长咨询小组关注的是400多个项目能够提供的证据，证明他们的毕业生已经准备好进入课堂。正如教师培育部长咨询小组报告所指出的，职前教师教育必须侧重于培养能够通过循证实践满足不同学生群体学习需求的研究生教师。这一点尤其重要，因为与许多其他职业不同，毕业教师在工作的第一年要负责整个班级，通常是独自一人。

这导致了初任教师培育标准、研究生教师标准、教师绩效评估的发展，并建立了相应的研究基地。

澳大利亚职前教师培育项目认证标准是众多此类标准中的典型。它们基于八个原则：影响；以证据为基础的；严谨；持续改进；灵活性、多样性和创新；伙伴关系；透明度；研究。有两个阶段：第一阶段要求提供项目符合标准的证据，以及评估影响的计划。第二阶段要求从影响计划中获得证据（这些计划根据证据的全面性、质量和性质进行判断），并根据这些影响证据提出改进计划。所有的课程都必须经过批准的教学绩效评估（TPA），该评估的重点是即将毕业的学生是否能影响在校学生的学习生活，最低要求是教学绩效评估的证据至少由其他高等教育教师培育提供者审核。

职前教师培育提供者的标准包括：（1）项目成果、就业和注册数据、校长对毕业生的满意度；（2）程序的开发、设计和交付；（3）项目报名［必须透明和严格，参赛者必须大致相当于前30%的人口（注册前需要进行强制性读写和计算测试）］；（4）呈现结构和内容；（5）专业经验；（6）方案评估、报告和改进。研究生教师的标准包括了解学生和他们如何学习的规范，了解教学内容和教学方法，计划改善有效的教与学，创造和维护支持性和安全的学习环境，评估、反馈和报告学生的学习情况，从事专业学习，与同事、父母、护理人员和社区进行专业接触。

在这种背景下，墨尔本大学墨尔本教育研究生院（Melbourne Graduate School of education）的职前教师教育专业自2008年以来一直在发展。

实例：墨尔本教学大师的例子

1971年在我获得生物物理学荣誉学位毕业后，我成为墨尔本大学耳鼻喉科格雷姆·克拉克教授的首位研究学生。克拉克一直想要研制出仿生耳，以便让失聪的人重新听到声音，这一想法在早年遭到了专业同事的嘲笑，并无法获得政府资助小组的认可。但在伊丽莎白·默多克夫人及其家人雷金纳德·安塞特爵士和其他人的帮助下，以及1974年一场6小时的电视秀，他筹集了足够的资金来证明这个概念。现在，人工耳蜗已经帮助了成千上万的人。

我可以看到，仿生耳本身并不足以为失聪儿童提供我们希望为所有儿童提供的常规教育。早期诊断、世界级的听力学和优秀的聋人教师是关键。1973年，在默多克家族的支持下，该大学建立了澳大利亚第一个听力学研究生课程。我被任命为基础讲师，领导该项目，该项目于1974年招收第一批学生。

1974年听力学课程开始的时候，听力学在很大程度上还是一门技术。听力学家应该知道如何测试听力和如何安装助听器。他们并没有准备好提出诊断性的问题，如关于听力损失的潜在原因是什么。然而，一个人对待听力损失的方式取决于它的原因。助听器可能是答案，但也可能不是。我们会把学生送到现有的诊所，他们经常被告知，忘掉你在大学里学的所有东西，我们会教你所有你需要知道的关于听力学的知识。这种方法只会导致当前实践的循环。为了克服这个问题，格雷姆和我在大学里建立了一个听力学诊所。我在诊所工作，与病人和学生一起，每周工作5个半天，把理论与实践联系起来，把实践带回讲堂。

我自己的研究兴趣是耳聋的早期诊断，我的听觉神经生理学博士一直在研究开发一种测量婴儿出生时听力的系统。通过检测大脑的听觉稳态反应，我开发了脑电波听力计，可以从出生时就确定婴儿的听力敏锐度。

在20世纪70年代初，一个天生听力受损的学生被发现和诊断的平均年龄是2到3岁。通常一个听力正常的学生在这个阶段会迎来语言和认知的爆炸性进展，所以早期发现是关键。但是确诊了之后，问题来了，下一步需要做什么？所以，当我在开发听力学的项目时，我也对干预和语言发展感兴趣。尽管我的背景是基础科学——物理和生理学，但我相信教育的变革力量。这就是我从医学院转到教育学院的动机，我的动力是想要尽可能多地改善年轻人的生活。

当我在2004年成为教育学院院长时，我发现教育学院是一个典型的由4个院系组成的教育学院。在这里，提供常规的课程范围，并以传统方式为教师提供初步培训。进入教师教育行业让我大开眼界，因为这个行业被学徒制和技术型模式所主导。即将成为教师的人走进课堂，讲台上的人希望他们能观察到教师的最佳行为，并向他们展示我们认为的最佳教学是什么样子。讲台上的教师会说忽略所有来自大学的理论，只看我的，讲台下的学生们通常会抱怨实践与理论的分歧（只想实践）。多学科思维哪里去了？为什么他们没有认识到，在关键时刻，在进行干预之前需要进行出色的诊断？我们如何教他们成为研究性学习社区的一员，并跟上干预研究的最新进展？同行对我们的方法和结果的批评在哪里？如果我们做事的效果不佳，我们可以咨询的资深外科医生/教师在哪里？作为专业人士，“第二意见”对我们的保护至关重要，它的概念在哪里？为什么每个教师做每件事都要付出如此巨大的重复和个人代价？为什么部门，尤其是在高中，就像竞争的孤岛，而资源人员像局外人而不是团队的一部分？

学生们当然对这个项目不满意，超过一半的学生在成为教师后声称，我们的项目没有为他们的课堂做好准备！整个教员也缺乏研究重点，许多人声称他们只有在教学结束后才能做研究（并且不认为这是一个相关的和双重的角色）。这些部门阻碍了合作，存在着不健康的竞争，而且支持服务存在太多的重复。

早在2005年，我们设定一个清晰的、新视野的明确的目标是“公认的国际排名第一的教师教育在澳大利亚”（我们在2014年QS世界排名中位居第二，在我任职院长时一直保持第一）。

随着2008年墨尔本模式的引入（学校所有的专业项目都是研

究生项目）和一些重要的同事的加入，我们重新设计了教师教育项目的叙述和性质。2007年，我们参观了琳达·达林–哈蒙德在斯坦福的项目，并受到了启发，尽管当时它的项目很小（N<100），而我们有很多人（N>800）。我们采用了循证的思维方式，当然有些同事不喜欢医学上的隐喻，直到（如致谢中所述）他们看到我们专门谈论人际关系的重要性，倾听学生们的声音，以确保他们理解任务、成功的本质以及他们的思维方式。我们需要强调希望和高期望的信息，而不是疾病和痛苦。

墨尔本模式通过研究生入学提高了入学质量，因此我们可以假设，即将入学的学生在他们的领域有很好的基础。我们将我们的表现与我们认为的美国和加拿大前五名的教育项目（密歇根州立大学、不列颠哥伦比亚大学、威斯康星大学麦迪逊分校、弗吉尼亚大学、多伦多大学）进行基准测试，并确立了一个信息，即我们的使命是在学习型组织结构中创建组织结构，以管理和提供最高质量的教师教育项目，并提供极好的评估。

作为2005年开始的教师改革的一部分，我们建立了一个研究所，以支持研究，提供研究领导，并建立一个研究重点（巴里·麦高，经济合作与发展组织的前教育主任是首位主任，约翰·海蒂是第二个），所有的学术人员组成了集群或研究中心。我们寻求新的收入形式（例如，通过专业教育、课程和评估材料的商业化），并积极推动教师国际化（通过合作伙伴关系、国际学生）。

是的，我们遇到了很多障碍：这是一个昂贵的模式，员工需要时间来宣布模式的所有权，一些人离开了，我们必须与我们的学校合作，以确保他们欢迎这种思维和教学方式（许多学校随后与教师合作，更换现有的教师）。但最终，我们得到了来自教师的主要支持。他们看到了这种魄力，看到了此种思考和教学方式的持久和有效性。

墨尔本大学墨尔本教育研究生院的教学硕士专业（MTeach）于2008年引入，它致力于职前教师教育，目的是培养具有高水平的分析技能，并能够使用数据和证据来确定和解决每个学生的学习需求的新一代教师。教学硕士的最初设计受到了卡耐基公司新时代教师的影响，最显著的是将教学定位为“学术教学，循证实践职业”。

莱文在他对职前教师教育的研究中，强调了平衡学术和循证工作的重要性，持续的实习经验以促进理论的立即应用和连接到实际课堂情况，以及学校和学术人员之间的密切联系和合作。所有这些元素都是教学硕士设计的组成部分，该设计深受我们之前循证培训经验的影响。从每学年开始，学校实习就与课程一起进行，评估任务要求收集和分析来自真实课堂情况的证据，并建立伙伴关系，使学校和大学的工作人员能够共同教学，提供反馈并合作指导初任教师。

因此，该项目从一开始的突出特点就是理论和实践的联系，即学术课程和学校实践相结合，大学的学术人员和学校的实践者形成强大的工作伙伴关系，以更好地指导初任教师。循证教学周期（见第三章）通过大学的学科知识和教学经验支撑了项目的每个元素。

这种学校和大学课程组成部分的统一，使对优秀的教学和学习的共同理解的发展成为必要，继而开发共享的元语言，并在整个项目中真正地整合这些内容。

自2008年以来，教学硕士项目实施了一系列举措，以培养和评估初任教师的批判性思维、评价性思考和决策能力。解决学生的学习需求，使用证据来告知干预措施和评估实践一直是评估任务设计的关键原则。其中一个评估任务，也是该项目的标志性属性，是循证实践考试（CPE），在该考试中，教师候选人报告与特定学生学习需求和发展相关的实践的诊断、干预和评估（如第三章的图表所述）。该任务利用并需要综合来自核心学科和学习领域或学科的理论和内容知识，并从教学实践中获得证据，从而实现课程现场（大学）和实践现场（学校）之间有意义的接触。运用社会和政策理论、教育心理学、识字理论和特定学科教学法的镜头，让初任教师认识到理论和实践的复杂相互作用。此外，在任务标题中加入“实践”一词，让人们注意到我们的干预和行动不可能是中立的或本质上是良性的。换句话说，在借鉴干预主义实践的现有研究和理论的同时，每个初任教师都需要考虑和反思影响他们对学生学习关注的具体环境因素，而不仅仅是复制他人的干预。

近年来，该任务的演变导致了对循证教学周期（如图3.1所示）中与初任教师自身课堂实践相关的关键问题的更深入分析。为了收集与循证实践考试相关的信息，在教学实习期间，初任教师必须使用课堂证据和公认的研究，以确定学生准备学习什么，以及在特定的学习环境中支持学生学习发展的最合适的干预措施。根据收集到的证据，需要制定对学生学习的预期影响的假设，在此基础上，初任教师实施干预措施并评估其对学生学习的影响。在实施干预措施、收集证据和编写人文交流磋商报告方面，与学术和校本工作人员的合作至关重要。

循证实践考试以口头考试的形式呈现给来自大学和参与实习学校的工作人员小组。在提交准备好的报告后，评估小组向初任教师提问，通过这一环节的阐述和辩护，初任教师可以加深自己对理论基础和评估思维的理解。从这个意义上说，人文教育与卫生领域的循证考试并无不同。

完成循证实践考试的初任教师发现，口头报告格式允许他们直接将理论、研究和实践联系起来，并在一个案例中尝试并阐明这一点。同时注意到干预对重点学生的学习产生的影响是有益的。由大学学者和学校从业者组成的工作人员团队也评论了循证实践考试“加强了专业对话，并将课程的各个方面与实践中的循证模式相结合”的方式。

实例：对循证实践考试的反思

为了计划和呈现循证实践考试，教师候选人被要求在我们最近的学校实习期间使用循证教学周期阶段来指导他们的实践。这意味着，在与我的导师教师协商时，我需要确定一个学生或一小部分学生的学习需求，并设计有针对性的干预措施，以支持学生实现特定的学习目标。在导师教师的支持下，我需要收集学生现有技能和知识的证据，以及他们的家庭生活、背景和兴趣。在计划和实施我的干预措施时，我被要求从我的三个课程科目中借鉴循证研究和理论，分别关注：教育心理学和教育学；社会学和政策；以及整个课程的语言和读写能力。在我的干预实施后，我用证据评估了我的方法对学生学习的影响，并反思了我的干预对我未来教学的意义。

虽然我的循证实践考试报告关注的是9年级学生露西，但我面向整个班级实施干预措施。我的一系列干预措施集中在发展学生在视觉艺术课堂上的口头和书面语言的使用。

根据国家和内部的数据，墨尔本郊区的一所公立中学正在鼓励针对所有科目的写作。这意味着我的干预的重点与学校政策一致，同时解决了视觉艺术课程的各个方面。值得注意的是，该校约65%的学生来自非英语母语背景家庭。

尽管学生们面临着一些语言方面的挑战，但学校培养了“可以做”的理念，并对学生的学业成绩有很高的期望，主要是为了让每个学生每年都有所进步。

女学生露西来自东南亚家庭。我从全国测试数据、与她的课堂教师的对话、不同学科的书面作业样本以及我自己的课堂观察中获得的关于露西的证据表明，她是一个认真的学生，但对英语口语和写作缺乏信心阻碍了她在这些方面的发展。据大家所知，露西的父母非常支持女儿，经常参加家长教师之夜和其他学校活动。

在计划干预之前，关于露西和她在班级中的地位以及我的特定主题，有很多方面需要考虑：

• 她在口语和写作方面缺乏自信与她的英语熟练程度有关吗？

• 露西对视觉艺术感兴趣吗？

• 课堂环境，包括社会群体的定位，对露西的自信和自我效能有影响吗？

为了支持我的教学计划，我还需要参考专业阅读和在我的课程中讨论过的循证研究。性别在课堂和学习中的作用、英语以外的语言背景、学生的经历和具体的识字方法构成了这次阅读的基础。与视觉艺术教学相关的特定学科阅读和教学方法也是我研究的中心。

为了回答这些问题，在我最初的几节课上，当学生们完成了教师布置的实践任务时，我与每个学生进行了简短的、非正式的对话，我想要尽可能快地了解我的学生。以他们完成自己的艺术作品作为互动的起点，我能够引导他们讨论他们的作品，以及他们自己对这个主题的期望和态度。当我和露西刚开始交谈时，她很不好意思谈论她的艺术作品，但我意识到她的英语口语并不差，在提示时，她能够使用一些基本但相关的语言来描述她的作品的色彩和整体构图方面。像班上的大多数学生一样，她没有自发地使用与艺术和设计元素相关的语言。露西也表现出了对这门学科的热情，但不确定她是否会继续学习视觉艺术。

在学生们完成了他们的作品后，我决定（在教师的鼓励下）让学生们写一篇关于他们作品的简短陈述，包括他们的灵感、他们使用的材料以及他们在这个过程中学到的东西的细节。这将为我提供书面分析样本。为了实现这一点，我为自己的一幅作品写了一段简短的艺术陈述，并以此为模板来指导学生。我们一起"解构"了我的陈述，强调了视觉艺术语言、句子结构和描述性词汇的使用。对于这种解构，我借鉴了教—学循环。

我对露西的艺术陈述进行了分析，发现她能够用合乎逻辑的句子写作，而且她的拼写总体上是准确的。露西的许多语言都很笼统。这绝不是露西所特有的，因为许多学生在陈述时都不会使用这种语言。

考虑到露西和其他学生，我决定我的教学重点是在口头和书面任务中明确使用视觉艺术语言。我还打算增加露西使用这门语言的信心。

我的一些干预措施包括：

- 使用海蒂和田伯烈模型为露西（和其他学生）提供艺术陈述的明确反馈，并关注整个文本、句子和单词级别，这样学生就可以确定他们作品中需要改进的具体方面，例如，语域、语法和拼写。对露西来说，我能够积极评价她写作的许多技术方面。她的目标是在描述她的作品时使用更多的视觉艺术特定术语。
- 在学生重新起草陈述时提供必要的支持。

• 组织学生成双成对地分享他们的工作，并使用清单提供反馈。露西的作品展示了技术能力，而她的搭档在整个作品中使用了特定主题的语言。在这个阶段的规划中，我参考了关于同伴辅导的研究和专业文献。

• 在他们结对的时候，我给学生们提供了一个清单，这个清单是我设计的，用来指导同伴的反馈过程。我还为学生们提供了诸如“你的陈述的一个优点是……”和“有待改进的地方是……”之类的句干。这样表达的目的是为像露西这样缺乏自信的学生提供指导反馈和评价的语言。在这个互动过程中，我观察到露西使用了开头句来评论她同伴的工作。

• 要求学生（包括露西）在展示他们各自的艺术作品时，向一小群同龄人宣读他们重新起草的艺术陈述。我希望，考虑到我和她的同伴的反馈以及小组的情况，露西会有足够的信心大声朗读她的作品。露西大声朗读她修改过的声明，并强调了与她的艺术作品相关的特定视觉艺术术语。

• 布置一个简短的反思任务，要求露西和其他学生写一段简短的段落，描述他们在上节课中学会的3种表达方式。露西写道，她对一些学生了解得更多了，使用视觉艺术语言的机会更多了，在课堂上讲话也不再那么紧张了。

虽然我的干预对露西的学习发展的影响可能不是很大，但我相信在我和她一起工作的短时间（3周）内，它是显著的。如果我将来和露西一起工作，我会继续鼓励她在课堂上“发声”，从两人一组的口头练习，到小组练习，再到整个班级的情景练习。从我对露西的观察来看，她开始与同龄人建立更强的社会联系。我还会在课堂上更明确地向学生（包括露西）介绍听说、写作和制作之间的联系，巩固他们对艺术制作过程的理解。

我意识到有时学生会被贴上“非母语英语课程（ESL）的学生”或“安静的女孩”的标签，人们可能会基于这些标签对学生的能力和学习做出假设。通过收集一系列的证据，包括询问学生自己的学习情况，找到“了解”每个学生的方法是很重要的。

虽然循证实践考试只是教学硕士评估循证实践和推理方法的一个例子，但这却是整个项目中最大的变革推动者，并在整个项目中创造了思维的一致性。专家教师、教师教育者和初任教师之间的对话对于确定循证推理在课堂情境中发生的方式至关重要。从对初任教师课堂的观察中收集的学生学习证据，为这种对话和导师反馈建立了基础。在循证教学周期的诊断、干预和评估阶段，专家、初任教师和学生之间的协作类似于教学医院的查房。在此期间，医生、医科学生和患者讨论现有的条件和可能的干预措施。同样，“被评估的东西会得到重视”这句格言也适用于这里。该项目向学生传递的信息是，该项目重视初任教师教育学生的思维方式。只知道教学内容、如何教学、如何控制、如何评估、如何准备是不够的，更重要的是要证明，了解这些技能可以转化为对学生的影响。

黑格等人要求30名导师教师和职前教师教育讲师设计20个问题，他们会在以下场景中提问，以判断教师候选人是否准备好教学。表7.2说明了黑格等人对600（30×20）个问题的设计初衷。

表7.2 用于评估初任教师教学准备情况的问题

	作为教师的学习	个人品质	关系层面
个人属性	他们能根据反馈采取行动吗？他们是否批判性地反思自己的实践？	他们是否具备教学所需的个人素质/性格？	他们与学生、工作人员和家长的关系是否能产生预期的效果？
	知识和计划	制定教学和管理	评估和使用证据
专业实践	他们知道教学领域的内容/教学方法吗？	他们是否有组织和准备？	他们是否收集有关学生进步的信息并在教学中使用？
	他们的计划是否进行了分层和详述？	他们能有效地管理教室吗？	

循证实践的核心问题是学生的学习。在实践过程中，对教师如何教学的关注远远超过了对学生产生什么影响的关注。

黑格拿出了4个初任教师小片段，他们被设计为个人属性强但专业实践弱，或专业实践强但个人属性弱。我们采访了18位导师教师，询问他们在小短文中对初任教师的评价。总的来说，指导教师对小片段中的初任教师的评价为高分、及格、低及格或不及格。导师们在做出这些决定时所使用的线索（即场景的哪一部分）存在着显著的差异——一些人认为，当初任教师毕业进入自己的班级时，某些技能可以学到；另一些人回忆起自己在那个阶段的经历，并对这些信息进行加权；还有一些人非常关注，如果实习期间没有很好地展示实践的某些方面，就会招致不及格。主要关注的是教师的个人属性和专业属性，而对教师候选人对学生的影响关注甚少。这种展示影响的概念，对这种影响的性质（“什么”）、受影响的学生数量（“谁”）和影响的程度（“影响的大小”）做出评估判断，是循证项目的核心重点。

教学硕士的结构、任务设计和合作带来的一些流动效应包括增加校本教职员工的跨界，使其在校本课程科目中扮演教学角色，以及校本研究合作。因此，这些密切的合作关系为职前教师教育的实践提供了信息，并增加了对循证教学的理解。正如教学硕士合作学校的一名校本实践者所评论的那样：“循证方法和团队的力量使我们的课堂在交付、思考和反思方面发生了明显的变化。”此外，参与教学硕士也影响了学校工作人员对自己实践的概念化理解。在一所合作学校，指导员工获得与教学硕士原则一致的循证教学证书，并成立了一个实践小组。这是一个合作的专业发展小组，使用课程分析作为提高课堂实践的手段。主动鼓励工作人员和初任教师使用和接受同行反馈意见，加强了研究、理论和实践之间的联系。

近年来提供的其他课程，包括循证教学硕士，都借鉴了教学硕士的一些方面，特别是循证教学周期和循证实践考试。这一专业的设置促进了许多有经验的和职业中期教师的思想和实践的改变，因为他们重新定义他们的计划、交付、评估和合作实践，并推动了他们所在学校的教学实践变革。

从新手到专家的发展

教师培育面临的一个挑战是，在培养实践者和实施合适的策略以支持这些不同层次的实践者方面，需要识别不同专业水平之间的差异。澳大利亚学校教师和领导者协会（AITSL）制定的标准——教师从研究生到熟练到高成就再到领导教师——试图为教学职业做到这一点，但与循证实践和判断相关的区分还不甚明了。这在很大程度上取决于学生最初两到三年的经历。

与许多职业不同的是，教师在开始他们的职业生涯时，与最有经验的教师一样承担着全面的教学和法律责任。梅因调查了大约500所学校，确定了高质量的入职培训项目，这些项目受到新教师的欢迎，并对他们职业生涯的开始产生影响。她指出，在大多数情况下，新教师被期望接受学校的主流信念和方法，如果这种主流观点与他们从职前教师教育专业课程中学到的不一致，特别是如果这种观点是低标准的（由新西兰独立检查员确定），他们有可能不再从事教师这一职业。有效的程序（见图7.1）有4个组成部分。

梅因认为，评估的行为比结果本身更重要。特别是，沉浸在合作分析学生数据文化中的初任教师似乎比没有参与合作探究的初任教师经历了更有效的入门课程。入职教育被视为低排名学校的一个卖点，在这些学校，初入职的教师报告其压力水平低，有很高的关怀精神，有更多的领导机会。

梅因的结论是，实施有效的入门课程的小学倾向于参与斯坦和齐默尔曼所称的“高强度入门课程”，包含强大的、专注的、以数据为导向的协作计划。然而，也许是由于他们的文化背景（新西兰社会经济水平较低的学校有更高比例的毛利土著和帕西菲卡学生），这些课程也包含了强烈的关怀伦理。

2016年，澳大利亚学校教师和领导者协会对利益相关者进行了一项调查，其中包括1287名学校领导和2268名初任教师的反馈。学校领导比早期职业教师更有可能相信他们的学校提供了入职培训——70%的学校领导报告说他们的学校有正式的入职培训，但是只有48%的早期职业教师报告说他们在开始作为初任教师时获得了正式的入职培训。在这些入职培训项目中，最不重视的是教师福祉和发展职业认同。人们关心的似乎不是培训项

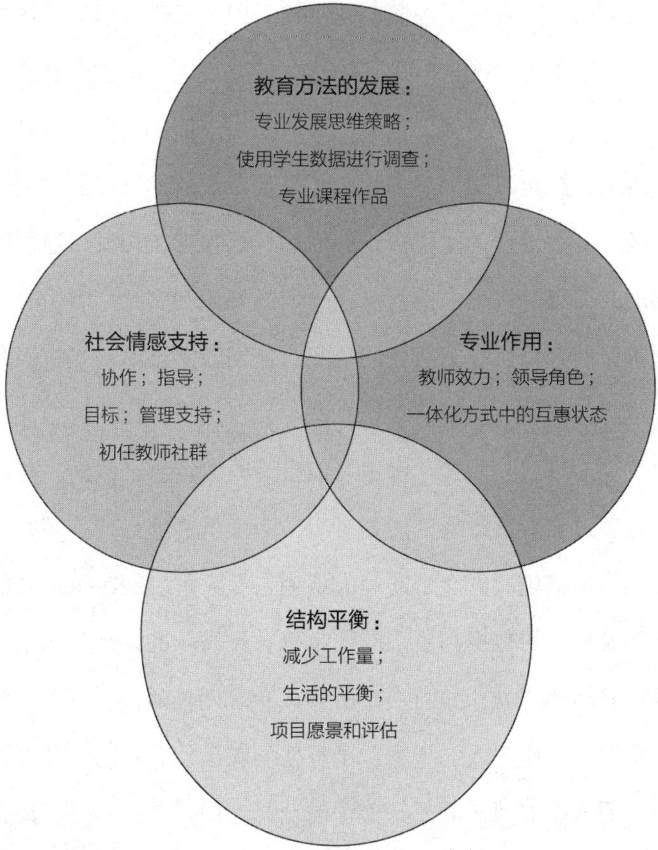

图7.1　有效方案的4个组成部分

目的存在，而是这些项目的可见性和重点。

医学教育文献强调了从业人员从新手到专家循证医生过程中经验的重要性。在医学院学生的训练早期，专注于孤立的迹象和症状，并试图将这些与他们所学到的内容知识联系起来，而没有完全认识到相匹配的症状模式。同样，一个新手教师可能需要花一些时间从工作样本、对课堂行为的理解和背景因素等来源拼凑学生的学习证据，以便决定适当的干预措施。

医学教育研究人员还强调了经验和建立模式以及事件知识的重要性。也就是说，建立一系列的情况，然后利用这些情况为决策提供信息。中级水平的医学学生比新手拥有更多的信息，可以利用先前的案例研究和经验，并且能够使用来自特定科学（解剖学、生理学等）的详细知识来阐明患者的体征和症状。一个专业的医生很少会做这样的参考，相反，他们能够在包含较低层次、详细的概念中重复应用他们的知识和实践。利用有关环境因素和有利条件的知识是专家医生的特点，他们能够排除一些疾病并专注于那些最有可能的疾病。施密特和雷克举了一个例子，他在流感流行期间出现了类似发烧的症状。最初，医生可能会诊断为流感。然而，在询问了声称自己最近去过疟疾流行地区的患者后，医生就能够形成不同的假设，并相应地实施干预措施。舒克维斯等人认为，专家解决问题不需要更多的数据，而是需要更少的数据和更多的模型以及更高阶的诊断和场景思维。这与教师教育有相似之处，如前一章所述，专家型教师将有更多的经验可供借鉴，对学习者有更深入的了解，了解他们知道什么、能做什么，以及有关情境因素的证据如何影响教师干预的选择。同样重要的是，没有单一的甚至是最佳的干预方法。新手教师或医学专业人员可能寻求特定情况的解决方案，而较熟练或专业的从业人员在选择干预措施时将利用和评估一系列方法。

职前教师教育和正在进行的教师教育改革的成功离不开课程提供者、学校系统和其他社区利益相关者之间的系统合作。在职前教师教育提供者和学校网络之间建立伙伴关系，确保教师培训满足雇主、学校和学生的需求。在墨尔本大学的教学硕士项目中，这一合作还帮助学校更积极地考虑自己的需求。

为了为未来培育更优秀的教师，初步教师教育项目的候选人选择需要更加严格。它不应该仅仅基于学业成绩，还应该基于与教学相匹配的个人属性。在教师教育计划和相应的学校入职之间应该建立更紧密的联系。支持从初任到课程顺利过渡的一个想法是，在职前教师教育计划的最后半年里使用教师能力评估工具（TCAT）（见图7.2），这是一种基于证据的方法，用于选择和发展初任教师，由墨尔本大学的珍妮特·克林顿领导并开发。

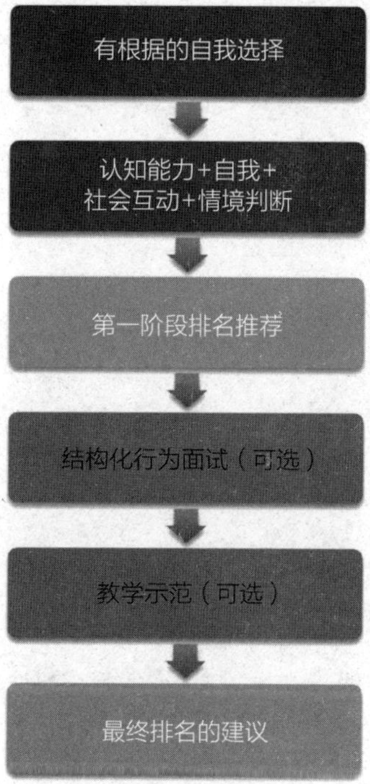

图7.2　进入职前教学项目的学生选择的教师能力评估工具模型

实例：教师能力评估工具

教师能力评估工具模型从教师选择和进入职前教师教育项目开始，到项目结束准备教学（使用并行退出工具TXET），到最初的几年作为教学专业人员，关注教师的职业周期。该工具内嵌的评估集中在一系列因素，包括教学动机、认知推理技能和非认知领域。

在选择和进入阶段，教师能力评估工具模型包括两个核心部分（知情的自我选择，以及在线完成的认知和非认知技能评估）和两个扩展部分（结构化行为面试和教学演示）。

基于网络的知情自我选择要求申请人提供一些个人属性和能力，这些属性和能力与申请人的经验和进入职前培训的准备有关，如他们先前认知能力的证据（例如，GPA），他们的工作和专业经验，以及与他们希望教授的教学和学科领域相关的经验。本部分的自由文本回答是根据教师的一般特征进行评估的，例如了解学生和他们如何学习，从而为有效学习制定计划，以及创造一个支持性的环境。

一般认知能力的测试包括数字、语言和非语言推理任务，非认知部分评估性格、自我调节和面对挑战的韧性、沟通风格、公平行事的能力、文化敏感性和自我意识等品质。还有一组情境判断项目，通过考生在面对常见教学环境时所选择的行动路线，进一步评估几个非认知因素。

面试部分由一个训练有素的面试官小组负责，他们在6个关键的研究支持的相关领域对候选人进行评估，包括人际交往能力和行为。教学演示部分包括向候选人展示一个教学场景，要求他们根据自己选择的学习领域准备一节简短的课，并向评估小组展示。

来自教师能力评估工具模型的信息被聚合和分析，以提供候选人的概要。该配置文件用于在计划的基础上进行选择（每个计划决定组成部分的最佳权重），并帮助初任教师制定与工作安置和教学实践准备相关的个人目标。当与毕业评估相匹配时，不仅可以评估每个学生的进度，还可以评估项目的影响，从而确定项目的优势和差距。

结　论

未来的学校劳动力将需要为不断变化的社区做好准备，反过来，学校也将继续面临重大变化。教师和其他学校工作人员需要确保他们能够合作，以最大限度地影响学生的学习。为了让教学行业吸引和留住高技能和全面发展的人才，相关的职业发展报酬也需要提高。例如，在澳大利亚的一些司法管辖区，学校提供的职位薪酬很高，除非申请人被认证为高度熟练或领导，否则教师不能申请。这有助于减少这些教师转到被认为更容易教学的更高社会经济水平的学校的风险，使系统能够控制可能出现的预算超支。

第八章

一场教学和学校教育的变革

我们在第一章中提到，在1900年，世界上只有20%的人口识字和会计算。而2000年，世界上只有14%的人口是文盲和数学盲。这无疑是一种令人震惊的转变——即使不能超过文艺复兴、启蒙运动、工业革命和雅典人的贡献，也能与之持平。从某种意义上讲，世界教育水平的急剧逆转可以被认为是20世纪的变革。当我们问同事为什么会发生这种转变时，典型的答案包括资源的增加、社会经济的收益、技术的传播、政府的政策等等。但是，这种大规模的读写能力和计算能力爆炸式增长有一个根本原因——那就是教师。

从很多意义上说，我们为提高教育水平所作的斗争仍然建立在提高读写能力和算术能力这一20世纪的挑战之上——事实上，这14%代表了数百万学生，每年都有数十亿的新学生来到学校，从读写能力和算术能力的教学中受益。这种成功必须继续下去。但在21世纪，西方世界的学校被期望实现的远不只是提高读写能力和计算能力。学校被要求承担更多的责任，包括学生的社会、情感和身体健康，最近还包括合作学习策略的开发。社会提高了对教师的期望。

对学校日益增长的要求

社会学习的未来几乎是无限的，但通过传统学校教育结构将信息转化为知识的手段是有限的。我们认为，教育的目的已经改变，并将继续扩大。因此，以识字和算术为主的传统教育模式已不再适用。

优秀教育的构成因素正在被重新定义。越来越多的学校被要求解决更广泛的问题，不仅与学生学习有关，而且与幸福、安全和公平有关。社会和经济的变化，不断发展的技术和学习研究扩大了人们对学校教育的期望。学生的需求正变得更加动态、复杂和多样化，因此现有的学校教育的概念和结构需要重新定义。政府对精装的实体结构和高度制度化、等级化的学校教育的持续投资，与一个学习向移动、灵活和网络关系转移的时代的教育需求不一致。

技术、通信和工作的迅速发展，以及世界范围内社会人口结构的变化，给未来的学校带来了明显的挑战。强大的社会凝聚力与强大和高质量的教育相关。这本书认为，没有跨学校和学校部门的合作，没有与卫生、劳动力和社区等其他服务和机构的系统整合将难以满足21世纪年轻人的需求。所以，有必要增加所有人对教育和儿童保健服务的参与，以确保每个学生都能发挥潜能，并成为一个有生产力和快乐的公民。学业完成对年轻人的健康、幸福和未来的就业前景都很重要，这些机会需要向所有学生开放，包括那些有特殊需求的人，以及那些来自弱势背景的人。学校和教师专家与其他教育相关领域的合作对确立这些目标至关重要。

无论是现在还是未来，我们强调学校的重要性，承认儿童发展的社会、情感、身体和认知方面之间的联系。三四十年前，幸福和参与等方面并不一定是学校优先考虑的问题。现在，塞利格曼的PERMA（积极情绪、参与、关系、意义、成就）等框架强调了学校教育和教师在整个儿童发展中的贡献，包括认知发展、情感发展和学业成就。培养学校和社区的群体参与将成为未来学校的重点。尽管许多评论员（包括教育工作者）认为，学校和教师已经有足够的资源来管理不断扩展的课程，因此许多角色应该是家长的重点。但学校成为社区参与和与其他服务整合的关键站点或中心是有道理的。毕竟，学生的大多数时间都在学校。

以前以学术发展为优先的学生成果，也需要得到全面的成长——迅速成长的独立性和实现目标的个人责任。学生的幸福——情感、社交和身体——包括运动技能的发展、对营养的理解、自我效能感和冲突解决策略等广泛元素，这些元素需要融入学校课程和课外项目。与他人积极而富有成效的交往，也是成为学校和更广泛社区一分子的必备前提。在全球化的21世纪，年轻人需要比20世纪的同龄人对更广阔的世界有更多的了解。这种理解的出发点是学校参与当地的活动和组织，通过这些活动和组织，鼓励年轻人与他们的社区联系，从而增加未来可能的工作和职业机会。

制定联合国教育可持续发展目标是为了确保包容和公平的优质教育，并为所有人提供终身学习机会。2019年的报告指出，在获得最新数据的72个国家中，约有70%的3岁和4岁儿童至少在以下三个领域的发展走上了轨道：读写计算能力、身体发展、社交及情感发展和学习，但太多的年轻学生没有达到阅读和数学的最低熟练水平。

从入学一开始，教育目标就必须解决整个儿童和全球公民的需要，并包括智力、身体和心理健康的各个方面。教育的这些方面相互重叠、相互联系、相互促进。亚瑟认为性格教育是重要的，但整个教育领域都忽视了这一点。性格教育的好处包括使人过上富有成效的生活，进而使社会更加健康。正如社会和情感学习促进了性格教育在学校环境中的整合，亚瑟认为，学校教育的深刻形成经验为美德的建模提供了机会，如自律、同情、感恩、公正、谦逊、创造力和韧性。教师对学生素质教育的发展至关重要，因为核心价值观在课堂上得到持续培养，课程也要与伦理和社会问题相联系。学校和教师与家长、当地机构和组织结成伙伴关系，以便在整个社区加强这些原则。

麦克雷认为，教师需要帮助学生拥抱那些不能被自动化的东西，如创造力、同理心和精细运动技能。对这种发展至关重要的是玩耍，它能培养和发展学生解决问题的能力，以及合作和创造力。麦克雷认为，自由玩耍正在被围困，因为玩耍在教育背景下被牺牲，以增加标准化和竞争，甚至儿童保育和幼儿园年龄的学生都被期望参与更正式的教育。

如果要满足所有这些要求，一个完美的教育体系（以及学校之外的教育体系）应该是什么样的呢？学术成果是至关重要的，特别是在语言、读写、数学和算术等核心领域。简单来说，它们是其他形式的知识、行为和关心的把关人，但学校需要解决与整个学生有关的更广泛的目标。

重新聚焦学校教育

威尔金森和皮科特在一项引发争论的重大研究中，论证了世界各地富人和较不富裕人群之间日益扩大的差距，认为不平等是暴力、肥胖、监禁和成瘾等一系列社会疾病的背后原因。美国的收入不平等在西方国家中是最严重的，不平等现象正在加剧，收入最高的1%的人在总收入中所占的份额越来越大。那些处于社会顶端的人正以更快的速度前进，而其余的人则落在了后面。

学校及其提供的教育质量仍然是未来收入和财务稳定的有力预测指标。例如，澳大利亚最近的一份报告发现，在该国所有收入最高者中，进入前10%的可能性随着受教育程度的提高而显著增加。教育系统成功的一个主要标准是学校如何缩小这一差距，或至少提高每个学生的受教育机会和质量。其中一个担忧是，这将成为一种循环——那些拥有更多资源的人更有可能、更有能力为他们的学生要求更多资源的学校，而那些拥有较少资源的人则错过了这些选择——因此，不平等差距会加剧。

虽然教育是解决公平问题的核心因素，但学校和教师不能单独地做到这一点。在学校系统内以及与相关社区和行业组织之间的真正合作和伙伴关系可以更有效地传播专业知识，而且还具有社会效益和经济效益。合作和伙伴关系使我们能够获得所谓的弱势学校和偏远地区学校有时缺乏的资源，而且在解决整个儿童的教育和发展方面至关重要。这种试图解决资源不足和公平问题的学校集群已经在安大略省、新西兰和新加坡的许多地方实施了。

社会经济水平低的群体所经历的一切通常跨越了代际边界。学生们并没有在校门口脱离贫困，一些家长对学生的生活机会抱有的低期望很难在课堂上得到改善，特别是如果学校也通过降低期望来加剧这种情况。对这些学生中的许多人来说，健康和营养对他们参与学校生活至关重要。为了打破这种代际劣势的循环，许多成功的项目都是多学科的。其中一个例子是墨尔本皇家儿童医院社区儿童健康中心的“重新分配机会”项目，该项目正在调查前8年对弱势儿童及其家庭进行五种精心选择的干预措施的影响，包括产前护理、护士持续家访、幼儿教育和护理、育儿计划以及入学前几年的支持。

解决劣势不仅仅是一个社会服务问题或一个教育问题，它需要所有服务部门作为一个多学科团队一起工作。在大多数模式中，干预措施更多的是在生命的头3年，由妇幼保健护士和社会工作者等专家进行。开始解决教育不平等问题的机会出现在幼儿园和入学的第一年。这对于确保尽可能多的学生在一个公平的环境中开始上学至关重要。

有许多服务协同工作的成功例子。例如，已发现多学科团队对改善青年心理健康非常重要。例如，弗尔曼和卡罗尔对欺凌干预的元分析发现，由循证医生和教育工作者组成的多学科团队的项目比只有循证医生或只有教育工作者的干预更有效。阿斯彭研究所最近的一份报告支持这一观点，认为教育机构应该采用全学生的方法，以迎合学生在课堂内外的社交、情感和学业发展。该报告提出了一系列建议，将儿童全面教育方法嵌入学校，包括调整资源（从食品援助到心理健康支持的一切）以及与学校、社区伙伴和家庭合作，从而支持健康的学习和发展。虽然这种方法对所有学生都有利，但对那些经历过劣势的学生尤其有价值。几十年的发展科学研究表明，经历过逆境和创伤的儿童从专门设计的缓解他们过度压力的项目中受益。

无论儿童的问题是健康问题还是教育成绩不佳，高技能的专业人员都是应对劣势和教育成绩不佳挑战的最优人选。教师职业尤其如此。本书专注于新一代教师在复杂课堂中真正满足个体学习者需求所需的能力和知识基础。将教学职业提升为真正的循证实践职业是至关重要的，在这个职业中，教师拥有评估和干预技能，以解决学生在他们的课堂上复杂和多样的需求。在诊断和干预方面与其他专家合作的技能，以及分享成功的技能，是我们在本书中所确定的核心专业知识之一。那么，真正的学生在真正的教室里是什么样子的呢?

多学科团队助力教学实践

毫无疑问，教师们在任何时候都要应付无数的挑战。在澳大利亚，约22%的学生在澳大利亚早期发展普查的一个或多个领域中处于发展弱势，这使他们不太可能利用学校提供的机会。

不仅仅是发展脆弱的学生需要复杂而密集的干预。有证据表明，澳大利亚最具天赋和才华的年轻人比例下降了。PISA是评估15岁儿童教育表现的项目。对于专业的循证教师来说，要成功地满足学生在课堂上的所有这些学术、社会和情感领域的需求，就需要团队协作，在很多情况下，还需要多学科团队。无论多么专业，没有一个教师能够独自做到这一点，也不应该期望他们这样做。

多学科团队是许多职业的公认标准，包括健康、音乐（例如，团体和管弦乐队）、法律和工程。几十年前，独立教师是一种常态：教室里只有一个单独的学习辅导者，没有团队协作，也没有互联网和我们现在拥有的无限信息。在许多方面，教师必须学会独立工作。当今和未来的学校对大多数人的要求过于繁重，因此需要建立在协作团队中工作的技能和信心。如何在团队中使用专家比成为这些团队领域的专家更重要。

以精神疾病为例，儿童和青少年中精神疾病的高发率是一个重大挑战（可以理解的是，它在青少年中比在年幼的儿童中更普遍）。学术学习、社会学习和情感学习是相互依赖的，而精神疾病打破了这种相互依赖。教师意识到青年中普遍存在心理健康障碍，但可用的干预资源很难获得。他们可能会注意到一些警告信号，如外化行为、社会孤立或脱离，但并不总是清楚他们能做些什么来提供帮助。如果学生确实从心理健康服务机构得到了帮助，那学校可以做什么来支持这种帮助呢？

在《柳叶刀精神病学》（*Lancet Psychiatry*）的一篇评论中，米娜泽和她的同事认为，加强循证医生和教师的基础培训将改善合作，从而使心理健康循证医生更熟悉学校环境，而教师更精通常见的心理健康问题以及如何筛选这些问题。根据这些方针，BRIDGE项目（城市学校的过渡教育和心理健康）在课堂背景下对学校心理健康专业人员进行培训，然后将他们与教师配对，根据班级的需要实施普遍的（全班级的）和有针对性的（针对学生的）干预措施。在5所学校进行的随机对照试验表明，该项目对观察到的教师实践产生了积极影响，所有的学生都受益于与教师关系的改善。

目前的系统经常将学生在学校、家庭和社会上的发展分开对待，但情况已经发生了变化。发展和学习是由他们在校内外所经历的环境因素、人际关系和学习机会之间的相互作用所决定的，而且一个领域发生的情况往往会影响另一个领域发生的情况。例如，如果一个学生在家里受挫，他们在学校的学习能力就可能受到影响。

为了改善学校、家庭和健康项目之间的合作，一个强有力的论据是，满足学生需求的一系列服务应该在学校内部协调。但是，仅托管并不是万能的——要确保服务成功交付，还需要克服大量的组织障碍。例如，巴韦贾等人研究了在美国8个地点实施的学校创伤认知行为干预（CBITS）项目。该项目由经过培训的学校工作人员或现场心理健康循证医生提供。他们发现，当从业者处于相互竞争、缺乏家长支持、缺乏后勤支持和缺乏教师参与等环境中时，该项目的实施受到了阻碍。那些有更多组织结构来实施该项目的学校，尤其是那些与心理健康机构合作（而不是通过学校工作人员实施）的学校更成功。

在学校内部整合服务并不是一个新想法。例如，在芬兰，每所学校都有一个多专业团队，通常包括一个心理学家、一个护士、一个社会工作者和一个医生。这个小组由校长领导，定期举行会议。在美国，全国有近2000所学校设有校本卫生中心，通常是为获得初级卫生和精神卫生服务的社区提供服务。然而，中心的数量是有限的，而且它们往往集中在城市地区。

在苏格兰严重落后的北艾尔郡，早期学习中心和学校为表现出痛苦行为的儿童建立了培育中心。该项目的6个培养原则（包括确保教室是一个安全的空间，以及所有的行为都是交流）在整个学校层面采用，而不仅仅是在中心内部。经历过这种支持的学生通常与学校联系更紧密，教师也感觉更有能力支持和理解学生的行为行为（见https://education.gov.scot/improvement/practice-exemplars/nurture-in-north-ayrshire）。

1999年，新西兰将专业服务重组为资源教师：行为及学习问题的儿童导师与其他教师和学校合作，支持1至10年级有学习或行为困难或两者都有的学生取得成就。其目的是让行为及学习问题的儿童导师团队提高教师的技能，以更好地满足全纳教育系统中学生的需求。但是有很多阻力，因为教师更喜欢让比较有挑战性的学生离开班级，让他们单独和行为及学习问题的儿童导师一起工作。评估结果显示，当行为及学习问题的儿童导师与教师更紧密地合作，帮助他们进行诊断、实施具体的干预措施以及对这些干预措施的评估时，教师的专业知识得到了增强。行为及学习问题的儿童导师为这些学生的具体需求量身定制了知识和最佳实践，并建立了更牢固的团队纽带，这鼓励教师返回并寻求行为及学习问题的儿童导师的额外专业知识。

单独配置服务是不够的，还需要投入资源以确保专业人员真正合作，以明确监督每个儿童（或家庭）的情况。如下面的案例研究所示，一些为高度弱势社区服务的学校至少要确保有一名案例管理人。这个人与各机构通力合作，明确谁负责照顾家庭的哪些方面，跟进特定问题，确保家庭得到所需的服务。

案例研究：支持拒学症儿童重返学校

教师能力评估工具诊断出13岁的艾米丽有焦虑症病史，尽管她的认知能力高于平均水平，但她发现从小学到中学的过渡很有挑战性。她对于上学这件事感到焦虑和不安，开始拒绝上学。

她的学校健康协调员把艾米丽介绍给“In2School”（全纳式拒学儿童干预项目），这是一个总部位于墨尔本的干预项目，使用一种全纳的模式来帮助拒绝上学的人。

拒绝上学不是逃学，而是儿童发现自己因心理健康原因无法上学。它被定义为“儿童有动机地拒绝上学或难以在学校待一整天”。

全纳式拒学儿童干预项目独特地将教师和循证医生聚集在一起，长达6个月的时间，为每个在家、在诊所和在教室的年轻人评估、计划和实施基于需求的个性化项目。

教师和心理健康循证医生分3个阶段与学生及其家人在家中

和诊所进行初步评估，并在学生进入长达10周的过渡教室之前建立融洽关系。在课堂上，他们开始掌握学术、社交和情感技能，同时仍然参与治疗。他们重返主流学校得到了精心的支持和管理。

在全纳式拒学儿童干预项目的初步评估阶段，艾米丽被诊断为自闭症谱系障碍和广泛性焦虑障碍。为了帮助她控制焦虑，她接受了认知行为治疗，以挑战她正在经历的一些无益的想法。

在课堂上，最初的重点是通过游戏和活动重建艾米丽的学习耐力，这些活动用来介绍学生彼此认识，并增加他们专注于学习的时间。在课堂上，艾米丽完成了个人的项目，承担了中学派给她的工作，并与她的同龄人一道参加了读写、计算和其他学术活动。艾米丽也有机会参加每周一天的户外活动，把自己重新介绍给更广泛的社区。在这段时间里，艾米丽学会了乘坐公共交通工具、学习摄影和在咖啡馆点餐等技能。

全纳式拒学儿童干预项目的心理学家和教师与她的主流学校合作，针对她的学业和情感需求制定了一个支持计划，以支持她的回归。她先是参加自己喜欢的课程，直到3周后返回全职出勤。

艾米丽说回到学校后总体上很开心，她说她特别重视在全纳式拒学儿童干预项目学到的自我调节技能（“学习如何让自己冷静下来”），也认识了其他遇到类似挑战的学生（“每个人都有同样的问题”）。

全纳式拒学儿童干预项目的独特之处是教育工作者和循证医

生共同努力来帮助这些孩子们。大约80%的学生在完成课程6个月后进入全日制学校，考虑到许多人在入学前都没有上过3个月到1年多的学，它的结果是显著的。

在美国，以学校为基础的健康中心转诊送交主要来自教师，其次是家庭，然后是学生自己。由于教师是与学生相处时间最长的专业人员，这不足为奇。但是一项对澳大利亚、美国和加拿大的学校卫生保健提供的比较研究表明，对教师寄予过高期望以满足学生的卫生保健需求会造成巨大的压力，特别是在卫生资源有限的地方。

在对有额外需求的学生进行分类时，教师扮演着关键的角色，但需要强调的是，不应该指望他们完全诊断和治疗问题，也不应该指望他们独自做这件事。循证教师能做到在第一时间发现问题的存在，并将其标记出来，下一步应由专家进行专业的干预。就像急诊医学一样，最需要帮助的学生应该得到最迫切的关注。下面的案例研究就是这种协作的一个例子。

案例研究：支持学生学习的团队方法

当乔纳森11岁时，他被诊断为良性儿童罗兰迪癫痫（BREC）。在8年级下学期的时候，罗纳森的父母联系我寻求学习支持。我的背景是为有语言学习需求的学生提供专业教学支持。在确诊后的几年里，他经历了一段艰难的时光。从5年级后期开始，他就需要药物来控制癫痫发作。到了高中早期，癫痫和疾病本身都影响了他的注意力和积极性。他经常太累而不能完成家庭作业。乔纳森努力让自己在朋友和教师面前显得“正常”，但他发现学校要求他在多个学科领域学习的信息量太大了。

尽管课程材料和评估细节可以在学校学习管理系统上找到，但乔纳森发现这很难操作。通常情况下，教师会在这些学科网站上提供许多额外的资源，而乔纳森并不清楚这些资源具体如何与作业或评估任务相关。利用这些材料需要很强的阅读能力和综合能力，而对乔纳森来说，这是非常难的。他变得沮丧，特别是在收到学校评估任务的反馈时，他告诉父母，他在学校唯一喜欢的事情是吃午餐，那个时候他可以和朋友聊天、玩乐队，还可以吹萨克斯。

乔纳森的神经科医生把他介绍给循证儿科心理学家，后者与乔纳森的学校和家长合作，支持他的学习和健康。循证评估确定了乔纳森的教师可以支持他学习的方法：任务需要分解，指令需要重复，研究作业应该有限制和有针对性，给他更多的时间完成家庭作业和校内测试。乔纳森的书写和精细运动功能受到了良性儿童罗兰迪癫痫的影响，因此建议他在所有测试和作业中使用笔记本电脑。

乔纳森的心理学家直接与学校的健康团队合作，让他们意识到诊断和药物对他的自我效能感和情绪的影响。学校召集了乔纳森的年度主要协调人、班主任、个人学习项目负责人、学生福利负责人和乔纳森的父母开会，讨论了实施心理学家建议的各种策略。重要的是，这些讨论都以乔纳森的健康状况为中心。

在此之后，乔纳森的所有教师都获悉了如何区分他的学习和支持。教师们讨论了如何明确地支持他的学习，并与乔纳森和他的父母修改评估。每一科目都有具体的修改，但广泛地支持中学课程对识字的高要求。例如，在科学课上，单元结束测试被分解成不同的子部分，在不同的时间完成，然后乔纳森有机会在每个部分结束时口头解释他的理解，以补充他所写的内容；在数学方面，乔纳森每次考试都使用总结表，这使他能够专注于应用理论，而不是记住理论；在历史上，研究任务更具体。乔纳森被赋予了一个明确的主题和精心策划的资源来阅读和综合，引导他的注意力参与新内容，而不是将他的家庭作业时间用于试图识别和寻找合适的资源。

由于乔纳森不愿意在课堂上引起太多的注意，他被要求说出一个他可以与之交谈的教师，谈谈他对学校的感受，他说出了他的音乐教师。这位教师已经和乔纳森建立了牢固的关系，在检查他的健康状况和与年度主要协调员联系方面发挥了积极作用。

这种团队方式，即医学专家、学校和家长合作，支持有复杂健康问题的学生的需求，并在个案基础上考虑这些学生的需求，是学生全面成功的基础。这从根本上影响了乔纳森对学校的态度，影响了他在学术学习中获得的成功，影响了他对自己前途的看法。

如今，乔纳森已进入青春期中期，他面临的挑战是在学校里得到支持，而不是被孤立。在他即将进入高中4年级的时候，他在与教师直接谈判和为自己的学习承担更多责任方面需要支持，这样他才能保持一种使命感，这对他在学校之外的成功至关重要。对于许多有特殊学习需求的学生来说，需要不断更新和调整学习，需要家庭以外的倡导者，如班主任，对学生的学业进步和幸福提供全面的支持。

如果有足够的资源和病例管理结构，一个多学科团队可以一起工作，确定学生挣扎的原因，最好是在他们的学校和家庭生活的背景下，然后设计适当的干预和评估计划，跟踪其进展，并在过程中做出任何必要的调整。要做到这一点需要将专家聚集在一起，以满足学生的需求。它涉及以下技能：分诊；提高诊断技能；知道最好的证据来提高学生从他们现在的水平到团队（集体）希望他或她达到的水平；与家庭和护理人员合作是解决问题的一部分；并且知道如何使用现有的最佳技能来做出改变。

未来的学校不能充当信息孤岛的角色，教室不能再私有化了。教师需要培养评估的思维技能（当然，这都需要资源，包括时间）。解决公平问题不能孤立地在学校内部进行。在学校系统内以及与相关社区和行业组织之间的真正合作和伙伴关系可以更有效地传播专业知识，而且在社会效益和经济效益方面也更有效。毕竟，学生和年轻人的生活并不是互相独立的——学校、家庭、朋友、健康和爱好都是相互关联的。健康和教育内在地交织在一起，承认这一点使年轻人有机会发挥他们的潜力。

学校与社区合作

要想将学校重新定义为具有相似目标的社区组织网络的一部分，就必须得到资金和基础设施的支持。教育系统不仅需要与家庭密切合作，还需要与卫生和社会工作等相关领域的专家密切合作。学校需要成为社区的中心，但也需要社区的支持。卡尼亚和克雷默曾写过关于辛辛那提的一群社区领袖在采取合作方式改善学生成绩时所产生的集体影响。这些领导人包括基金会和当地私营企业的负责人、政府官员、高等教育机构的代表和非营利组织的负责人。由于无论多么强大或创新，没有任何一个组织能够单独完成这一目标，这些团体将教育界的目标集中在一套共同的目标上，以同样的方式衡量。芬兰将教育和社会服务的资金和责任分配给市政当局，以减少与学生相关的学校和非学校服务之间的独立预算和优先级问题。这种类型的合作的结果是大规模的社会变革来自更好的跨部门协调，而不是来自个别组织的孤立干预。一旦确定了共同议程，学校和教师就能与家庭和当地组织合作，在整个社区加强这些原则。下面的案例研究展示了学校和其他服务机构合作提供早期干预的一个例子。

案例研究：吉朗项目——一个社区学校和服务的早期干预模式

吉朗项目是学校和服务社区早期干预模式（COSS模式）的一个范例，通过对弱势、风险和无家可归的年轻人的早期干预，证明了可以实现的显著社会和教育成果。

学校和服务社区早期干预COSS模型是一种以地方为基础、以制度改革为导向的方法，旨在解决青年的劣势。通过一种以青年为中心、以家庭为中心的服务提供方法，与学校福利工作人员合作，为青年解决社会和教育成果。在实践中，为了实现更有效的早期干预系统，减少脱离教育和早退，在家庭问题正走向危机和可能的无家可归以及其他不利后果时进行干预，提供帮助。

学校和服务社区早期干预COSS模型，如图8.1所示，由四个

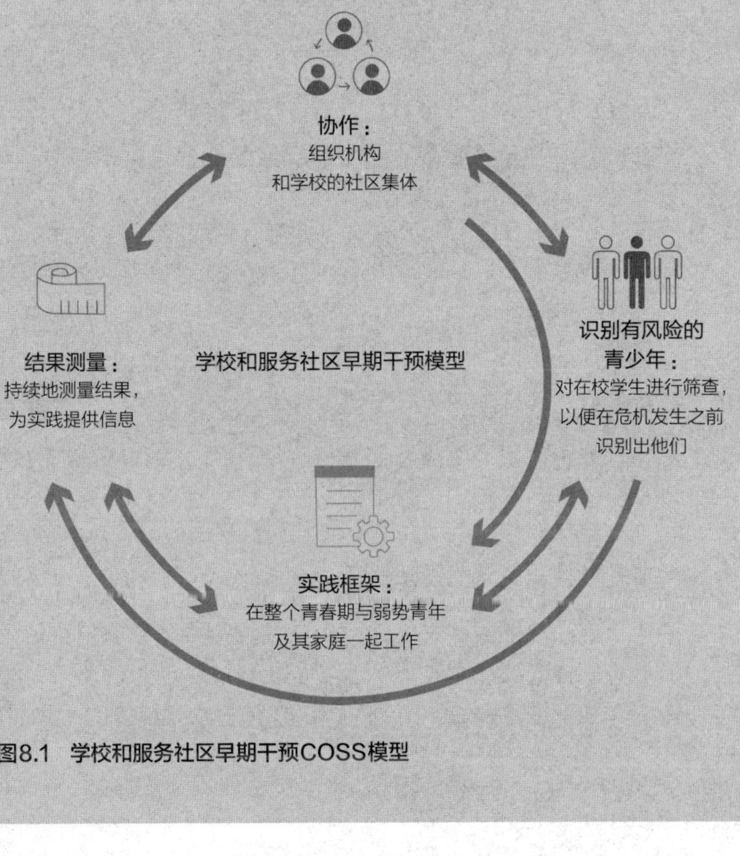

图8.1　学校和服务社区早期干预COSS模型

基础组成：社区协作；早期识别；灵活的实践框架与家庭的早期干预支持工作；以及稳健的嵌入式纵向监测和测量结果。

社区合作包括组成一个由学校和社区机构组成的集体，以提供领导和协调与青少年和家庭的运作工作。在澳大利亚，学校和服务社区早期干预模型网站通常以社区的名字来命名——例如吉朗项目，或者新南威尔士州的阿尔伯里项目。

学校和服务社区早期干预模型开发的另一个关键创新是人口风险筛查，它使用澳大利亚青少年发展指数（AIAD）调查工具上的一系列指标，结合来自学校的当地知识和简短的筛查/参与访谈进行。如果来自指标和当地知识（如有）的数据表明，一个年轻人是脆弱的或有风险的，那么可以在全面危机发展之前主动提供支持和干预。这种方法可以严格评估风险，并适当地提供危机前的应对措施。

实践框架是分层的，以严格评估风险和需求，并向年轻人提供当时所需的支持，但不超过所需。如果一个年轻人在其他时候需要帮助，他们可以很容易地获得支持。综合社会服务模式以7年级到12年级的青少年和家庭为研究对象。

对结果的衡量是该模型的一个内在特征。一系列客户数据被反馈给从业者，这是一种将数据用于现实世界集体影响模型的新方式，为实践提供信息，并解决弱势青年的社会和教育成果，包括预防和早期干预青年无家可归。

从2013年到2017年，吉朗项目取得的成果是，青少年无家可归的人数减少了40%，同时，试点学校的早退学生人数减少了20%，这表明以地点为基础的方法是有能力实现的。这在澳大利亚和国际上引起了人们对如何更有效地解决教育和社会弊端的兴趣。

学校教育的一个主要目标应该是增加学生的数量，让他们在来到学校时做好准备。在墨尔本一个社会经济水平较低的地区重建多夫顿（Dovetonz）学院（在下面的案例研究中讨论）是另一个例子。

案例研究："我们的地方"（Our Place）——一个解决劣势的全面方法

"我们的地方"模式将学校置于高度弱势社区的中心，不仅支持入学的学生，还支持他们的家庭和更广泛的社区。

学校以提供早期教育、小学和早期中学教育为核心，成为社区的一个中心，提供综合服务，包括成人教育、志愿服务机会和相关的卫生服务，所有这些都可以从一个站点获得。

第一所采用这一模式的学校是位于墨尔本东南部的多夫顿学院，该地区教育水平很低。2012年学校开学时，70%的学生在5年级时还不能阅读，近47%的学生入学时存在明显的发展脆弱性，超过60%的学生在读写和算术方面低于国家最低标准。

虽然社区面临着相当大的挑战，但经过8年的发展，多夫顿学院已经成为澳大利亚全国成就评估（NAPLAN）中增长最快的50所澳大利亚学校之一。

此外，早教服务被评为超过国家标准，社区接受了参与游戏小组、成人教育和课外活动等项目的机会。外部服务（例如社会服务和儿童保护）的协调非常成功。

“我们的地方”成功的关键在于它的整体策略。它把学校作为接触整个家庭的平台，原因很简单，他们定期去学校。

“我们的地方”网站只有一个入口，所以不管访问者的目的是什么——比如送学生上学或参加成人教育课程——工作人员都可以以一种随意、平易近人的方式与他们互动。

家庭很早就参与到“我们的地方”，有时从怀孕开始。一旦婴儿出生，他们的健康状况就会受到监测，发育方面的问题也会及早发现。支持父母培养重要的育儿技能，如与年幼的学生相互交流。

高质量的早期学习是一个核心元素，从9个月大的婴儿开始，一直到进入学校。因为学校对多夫顿的家庭来说都是一个熟悉的地方，所以开办预备学校比在传统环境中要轻松得多。

一旦进入学校，重点就放在高质量的教学和学习上，并支持教师满足处于劣势的学生的特殊需求。他们采取了一种了解创伤的方法，专注于创造一个环境，让来自混乱家庭的学生可以安顿下来，准备好学习。保健和福利支助从小学贯穿到中学，通过个案管理结构确保社会工作、儿童保护支助和联合保健等服务有效地协同工作。

课外充实项目帮助学生们发展社交技能和社区联系，让他们参与有意义的活动。当多夫顿学院刚成立时，只有6%的学生参加课外活动，现在96%的学生每周至少上两天课。

对成人教育的重视使我们的学校有别于其他模式。有证据表明，母亲的教育对学生的成长很重要，而且学生在至少有一个成年人工作的家庭中表现得更好，因此支持社区中的成年人接受教育和就业是有充分理由的。

一种轻触式的方法可以建立与那些以前把学校与失败或评判联系在一起的人的关系。社区辅导员专注于以一种不带偏见的方式与成年人聊天，讨论他们的需求，提供简单的机会，比如喝杯茶的机会，用电脑看邮件的机会。

这种最初的参与可以打开更多参与的大门，也许可以通过在花园里做志愿者或在教室里与学生一起阅读。这种逐渐发展新技能的过程可以建立成年人的自尊，使他们开始重新学习。学校向整个社区提供课程、学习小组和家庭作业俱乐部，还提供就业支持（包括写简历和寻找合适的衣服）。

"我们的地方"的方法得到了科尔曼基金会（Colman Foundation）和维多利亚教育部（Victoria Department of Education）的慈善资金支持。它不资助项目，相反，它配置了现有的系统，以提供家庭在实际层面上的需要，帮助他们的生活回到正轨。最终，父母能够过上更充实的生活，更好地支持学生的教育和幸福。

比教学影响力更重要的是发展循证教学角色。它适用于上述情况，也适用于成绩较好的学生。循证教师必须诊断什么可以支持一个有才华的学生加速他们对一个特定概念的理解。选择高概率的干预措施，精确地实施它们，并评估这些诊断的影响，就像他们评估所有其他学生一样。

案例研究：一位中学英语教师谈一位天才学生

每年教师们都能获得一群新的、不同的中学生，这既令人耳目一新，又具有挑战性。有时你很幸运，在前几年教过这些学生中的一些，因此了解他们的个体差异，但这不是常态。中学教师总是不把他们对学生学习的看法告诉接收学生的教师。因此，对新学生进行预试不仅是一种很好的做法，而且对了解每个学生的学习需求确实至关重要。当教授英语和英国文学时，情况尤其如此。学生群体中技能和理解的多样性往往需要一系列不同的学习需求和方法。

在用各种方法对莎士比亚的《麦克白》的主题进行预试后，我发现玛丽亚对一些开放式问题的回答远远优于她的同学。我在预测中加入了关于主角潜在动机的开放式问题，让学生有机会展示他们的高阶思维能力。玛丽亚不仅将麦克白这个角色与历史上的一些政治操纵者进行了比较，还将其与当下政治环境中强大的操纵者进行了比较，可见她的能力之高。有了这些知识，我开始构建或区分玛丽亚的下一个学习机会，同时也考虑到她更广泛的需求。玛丽亚是一个在男女同校环境下成长的天才少女，我敏锐地意识到，对于天才女孩来说，学校的学术和社会形势都变得更加严格和复杂。我不想让玛丽亚觉得她需要“变笨”，或者向同学们隐瞒她的天赋。

我在设计《麦克白》的第一篇评估作品时，提供了一个包含开放式和封闭式任务的题型，提供量身定制的教育大纲，使学生可以选择既符合他们喜欢的学习模式，又能对评估问题本身提供挑战和深度的评估内容。我还借鉴了克拉斯瓦尔德对布鲁姆分类学（Bloom's Taxonomy）的修订，将其作为字面性、推论性、分析性和创造性问题的模型。由于创造力被现代社会教育系统视为一种可取的社会技能，因此，在课程目标和成功标准的层次结构中，这种发展占据首要位置是很重要的。玛丽亚从更高层次的问题所提供的刺激中受益，这反过来又否定了她学习经验的无聊。重要的是，这个天才的学生接受不同的、更多的延伸的学习，而不是更多的任务。为天才学生提供选择和更高级的问题的评估是必须的。

克拉斯瓦尔德修订后的分类法有助于扩大问题或任务的范围和多样性，并将其包含在一个索引栏中。允许学生做出不同反应的任务选择越来越复杂，产生了可观察到的定性和定量证据。这让玛丽亚有机会以各种方式展示她的学习能力。“一刀切”不应该适用于任何学生，尤其是天才学生，他们可能无法充分展示自己的潜力。天才学生是干预反应框架（RTI）的一个组成部分，因为它不仅仅适用于钟形曲线的左侧。天赋异禀的学生需要干预，这样他们才不会变得无聊、不感兴趣，从而成绩不佳。玛丽亚需要她的课程与众不同，因此，我必须提供不止一种传递指令的方式。

教学之外的重要变化

将教学演变为一个真正的循证实践职业，并嵌入评价性思考，建立高功能的多学科团队，被认为是为年轻人准备未来的必要步骤。但这还不够，要提高教育成就，解决当今教育系统面临的一些主要挑战，还有其他一些重要因素必须落实，特别是缩小社会经济背景高低的学生之间不断扩大的成绩差距，减少小学高年级和中学高年级学生的高度脱离学习的情况。

这里强调了在一个不断变化的世界中，学校必须解决社会凝聚力和全面发展年轻人的重要性的方法。本书还提倡将教学作为一种循证实践性的职业，在这一职业中，所有的从业人员都拥有诊断学生学习需求的技能，有效地使用证据，计划和实施干预措施，并评估他们的教学对学生学习的影响。然而，所有这些目标似乎都与帕斯·萨尔博格所称的“全球教育改革运动”（GERM）相矛盾。在这一运动中，学校和教育系统之间的竞争（而不是合作）、高风险的考试（及其对缩小班级规模和应试教学的影响）和自上而下的教育政策方法普遍存在。通常情况下，这些措施抑制了教师对给定主题进行深度学习和理解的能力。这是许多国家（尤其是西方国家）高度脱离社会的原因吗？并不是这样，他的说法过于笼统，忽略了许多优秀学校的例子。一些学校使用来自国内和国际评估的信息来帮助诊断自己的学校是否发生了同样的事情，他们利用了来自自上而下的政策的积极因素。

对于澳大利亚和其他西方国家的许多学生来说，学校已经成为一个没有吸引力的地方。在那里学生对他们所学的东西几乎没有发言权，或者他们觉得自己无能，或与外界脱节，或看不到所学内容的相关性。或者以上都有。在澳大利亚，值得注意的是，在中学教育结束时，13年的教育减少为一个数字，用来决定学生进入大学的选择。事实上，正如我们之前用詹金曲线（见图1.2）所展示的那样，在小学和中学高年级的班级中，每个班只有4到5名学生愿意投入到我们要求他们继续学习的内容中去。

这种不安的部分原因是，学生们希望受到挑战，尤其是适当的挑战。每节课大约50%的课程学生已经知道了。在大量的学习任务中，很少有挑战和学习。他们花大量的时间玩电子游戏，观看和参与体育或文化活动，因为在这里，挑战总是存在的。关于他们是否接近目标或成功标准的持续反馈是这些活动的核心属性。如果电子游戏要求学生提交作业，反思他们在电子游戏中所做的事情，分析和详细说明每项运动或文化活动的利弊，并在他们完成并提交这些次要任务时被衡量为成功，那么毫无疑问，他们很快就会对这些活动失去兴趣。年轻的青少年想要挑战，许多人（不是所有人）不再准备服从“做”的行为。如果我们不适当地挑战他们，他们很快就会挑战我们。

在国际上，课程正从主要关注内容转向融入深度知识与技能（如合作、沟通和批判性思维）、知道如何做（能够做某事）、态度、价值观和信仰，以及独立学习的能力。

一种更有效的评估方法是建立长期跟踪学生的学习者档案，这让学生和教师看到学生朝着各种成功标准的学习进度。这使得学生和教师更多地将评估作为一种预测工具，比如确定学生当前的进展，而不是确定其他遵循这一进展的人接下来采取的下一个最佳干预措施是什么，从而最大限度地提高成功标准。它还允许学生和教师看到学生为一系列课程带来了什么，一起跟踪他们在课程成功标准方面的进展，并提出下一步应该采取什么措施，以最大限度地提高他们的学习速度。

一个例子是格里芬在墨尔本大学教育研究生院评估研究中心开发的模型。他开发了从新手到专家的各种能力量表，包括学术和个人能力。传统的成绩和分数并没有在学期结束时给出，因为这些成绩和分数并不能准确地反映学生所知。通过完整的学生档案对学生的成就和能力进行评估，而不是简单地分配一个数字。这个简介展示了他们已经掌握的知识和有改进空间的地方，涵盖了学术学科的内容知识以及沟通和协作等技能。

另一个例子是新西兰的e-asTTle工具，它允许教师（和学生）针对他们正在教授的课程设置评估，立即进行测试（纸卷、在线或自适应），并立即获得关于状态、倾向、最佳下一步和学习轨迹的报告。这是一个小学和高中的自愿系统，在它被引入19年之后，超过70%的教师仍然在课堂上使用这个工具。

这些评估可以帮助教师（和学生）判断学生在广泛领域的学习进展

情况。这要求教师改变教学方式，从简单的传授知识转向更广泛地关注特定学科所需的智力技能，以及让学生掌握和更新所需的知识。其核心理念是，评估有助于为教师提供信息，但教师不应单独对评估做出决定，还需要其他形式的证据。教师需要根据来自多个来源的数据做出基于数据的决策。在课堂上，学生们更多地应用知识，而不只是简单地获取知识。学生们自己学习，互相教学，教师使用更广泛的知识储备和更少的说教式的教学方法。

以这种方式重新调整评估，缓解了目前“生死极限的”期末分数所造成的压力。它为教师和学生创造了空间，让他们可以做更多的事情，而不仅仅是练习内容或应试教学。它为教师和学生提供了空间，让他们一起合作，创造有吸引力的学习机会，让学习者了解自我评估，以及评估如何帮助引导学习，而不是总是跟随学习。

关注学生的社交和情感学习

如上所述，这种评估学生的新方法反映了与教育的核心目的——发展全面儿童——重新联系起来的努力。越来越多的研究表明，儿童的学习和发展受到他们在学校内外的经历和关系的影响。琳达·达林–哈蒙德和她的同事最近详细概述了实现这一目标所需要做的，这涵盖了4个实践领域：支持性环境、生产性教学策略、社会和情感发展以及支持系统。

社会和情感技能包括合作、处理冲突、交朋友、应对、适应力以及认识和管理自己的感受。培养这些技能可以加强学生与学校的联系和归属感，减少他们出现问题行为的机会，并可以成为他们投入学习的一个前兆。前提相对简单：如果学生遇到了问题，感到抑郁或焦虑，他们就很难集中精力学习。当这些障碍被破除时，他们就更容易学习。这些应对策略可以，也应该被明确地教授。需要注意的是，它们也需要融入到整个课程和学校生活中。

塞利格曼的幸福模型强调了积极情绪、参与、关系、意义和成就的重要性。作为促进幸福的因素，这是一个可以在更广泛的学校环境背景下考虑的有用模型。学生在日常学习中有多少机会来培养这些品质？课程的缩小在多大程度上削弱了他们朝着目标努力的能力？这些对学校领导来说都是很重要的问题。虽然这些问题很难回答，但我们可以找到更有效的干预措施。

结　论

学校是社会学习的核心。学校不仅是最大的教育干预系统，也是我们针对年轻人最大的公共健康干预系统之一。学校要成为社区的中心，就需要社区的支持。教育系统不仅需要与家庭密切合作，还需要与卫生和社会工作等相关领域的专家密切合作。以地点为基础的合作干预措施的共同概念是集体影响，它以影响的证据为基础。

教师和学校领导可以在各种服务和专家的合作中成为循证连接者，以支持学生的发展。我们已经讨论过，专业的教师渴望让每个学生，找到属于自己的最佳学习方法。这需要全社会协调一致，共同努力。

第九章

结　论

在19世纪中期，当学校成为社会公共机构时，教师们想出了确保学生们倾听、表现和学习的方法。每一代人都声称学校需要改造，但失败的例子数不胜数。很多人说，这一代人还没有为工作做好准备，他们需要更多的基础知识，或团队技能，或更多的工作准备。自大规模教育开始以来，每一代人都是这样说的，然而整个教育系统或学校仍是老样子。

有如此多的证据表明，传统的教育模式是有效的，以至于学校问，为什么现在应该对传统模式进行重大颠覆？是的，已经有了一些调整——40人以上的班级更少了，学生们更愿意成群而坐，而不是排排坐（尽管他们在这些小组中仍然主要是独自学习），藤条和皮带已经被废除。但学校仍然按年龄分级，进行大量的测试，以鼓励学生专注于学习，重视成就和高分，而不是成长和学习的乐趣。

正如我们在第一章中强调的那样，工业模式正在破裂，学校教育未来的成功和相关性将取决于教师的专业知识和教学向真正的循证实践化职业的提升。年轻人必须准备好生活在一个不断变化的世界中，并积极参与解决全球问题。知识呈指数级增长，年轻人为终身学习做准备是必要的。这是一个挑战，即使是对最专业的教师。

尽管大幅增加了支出和为很多美好的改革努力，但包括澳大利亚在内的大量学校系统的表现在几十年里几乎没有改善。以澳大利亚为例，陆克文政府在2007年竞选活动中的一项关键建议是实施“教育革命”。他说，这是建立在之前的国家改革举措基础上的，随后又推出了多项举措。就国家和国际指标而言，澳大利亚几乎没有改善。

我们认为，如果学校孤立存在，不与卫生等其他服务和机构的系统整合，没有将教育作为开发一个国家最宝贵的资源，那么教育将难以满足新时代青年的需求。

十年前，巴伯和莫西德等人强调，一些学校系统的改革和表现与其他国家比起来更好，改进可以依据几个关键因素快速进行。著名的例子是新加坡和芬兰的教育制度。在一个层面上，共同关注的是招聘最合适的教师候选人，关注有效的教学，以及提供系统和有针对性的支持，以确保每个学生的学习需求都能得到满足。如果没有把教育放在每个国家的国家政策议程的首要位置，就不可能实现对优质教师和教学的重视。

以50年前的新加坡为例，当它取得独立时，新加坡缺乏自然资源，而且人口受教育程度很低。通过国家主导的政策，注重经济发展、法治、精英管理和人力资本的形成，新加坡取得了非凡的社会和经济进步。新加坡早期关键的教育政策决策，包括语言政策、旨在促进种族和谐的多元文化政策和培养高质量教师的政策，都带领新加坡走向成功。

芬兰的转变没有那么直接，但教育改革也成为社会和经济转型的主要工具。到1972年，新的国家课程和全面的学校系统开始实施，15年来，芬兰一直以其教育公平和卓越著称。愿景和承诺是芬兰的转折点。

高评价的学校系统之所以能够蓬勃发展，是因为社会层面对教学职业的高度尊重，以及目标、战略、举措和政策之间的一致，从而“整个系统，所有部分和碎片的组合方式”是清晰的。在新加坡，教育部、教师培训地点和学校之间的一致性体现在共同的目标和对课程、评估和评价的理解上。

对于任何教育系统的转折点来说，至关重要的是将教学定位为一种职业。其成员拥有一整套高度复杂的技能，包括诊断、干预和评估其方法对学生学习影响的能力。

对教育者的要求越来越高，越来越多的学生需要特殊的帮助，这就要求教师更多地了解学生的具体属性，以及提高所有这些学生学习的最佳方法。也许最大的变化是，教室里的学生少了，教室前面的学生多了。现在有了更多的职业选择，更多的业余爱好者和更少的被训练的（更便宜的）教师和教师助手，教学的孤单或私有化继续，对教师的公开批评更多，而教师有更多的机会离开这个职业从事其他事业（以及其他专业人员在职业生涯中期加入教师行业的硬障碍）——这是这个系统的主要裂缝。下面我来回答，为什么现在是打破传统模式的好时机。

现在，进入教师教育（在澳大利亚）的平均年龄不再是17到20岁，而是27岁。教学是人生中的第二或第三个职业，不是第一个，也不是最后一个。

现在，随着这些新教师经历了社交媒体、互动和前几代人所不知道的同事关系，他们不太可能想成为一个重视工作中的隐私、要求每位教师在自己的课堂范围内发展自己的职业的一部分，而更可能参与到关于如何教学和评估的辩论中。

现在，由于教师的工资水平相对稳定，他们可能不会再教书超过10年

（当工资持平时），也可能不想继续留在一个由经验而不是专业知识决定他们未来成功的职业。在澳大利亚，在起薪最高的职业排名中，教师排在第5位，但上涨的工资是最低的。在其他职业中，职位的晋升是专业知识的作用。是的，它们都始于重视经验，但专业知识很快就占据了主导地位。

现在，当从教师到成为学校领导平均还需要25到27年的时候，许多年轻的教师可能不愿意在职数年，而是更喜欢基于专业知识快速晋升的职位。

现在，当那些加入这一职业的人的技能、性格和动机通过社交媒体的传播与社会联系更紧密时，就没有那么多动力去成为一个私人的、孤独的、自我教育的、有时被看不起的职业的一部分。

现在，教师教育面临着为更多学生提供教育的压力，同时也要求学生在毕业时为课堂做好更高水平的准备，因此，是时候提高对教师培训项目质量的认识和现实情况了。在澳大利亚，有近9万名学生参加了大约400个教师教育项目，其中每年约有7000名学生在学校获得全职工作。在世界其他地区，教师严重短缺，不仅因为毕业人数减少，而且更多的人在职业生涯后期离开了职业（这是进入职业生涯中期的主要障碍）。在悉尼，有3.5万名有资格和经验的注册教师在找工作，但超过90%的人不愿意开车到离家超过5公里的地方。2018年，在澳大利亚新南威尔士州，有400多名毕业于创意艺术专业的新教师来争抢学校的两个职位。

现在，一个普遍的发现是，教师在工作的头几年表现出最大热情，之后他们的表现趋于平稳。亨利等人发现，在各个年级，教师的效率在教学的第二年显著提高，但在三年后趋于平缓。在两到三年后，影响力的上升是平缓的，而在五年教学之后，经验和专业知识之间的关系接近于零。这种专业技能提高率的平稳性反映了工资水平。新教师的成长需要和同事合作，而老教师习惯了独自一人教学。因此，新教师无法从老教师处获得经验，也无法得到成长。

现在，对教师的要求越来越多。第八章概述了对关注学生的社会、情感和身体健康的日益提高的期望，被诊断为可识别（标记）分类的学生比例的增加（通常是有风险的问题），对21世纪技能开发和宝贵知识的关注，以及对教师团队工作要求的增加（所有这些都需要时间、精神资源和领导力）。教师通常必须处理这些额外的要求，但他们并没有预备的专业知识，也没有任何额外的工资或时间津贴。父母、选民和政策制定者很少意识到这一切都是有代价的，也很少意识到应对这些新需求所需的专业知识。

专业知识一直都在，但它已经屈从于经验，屈从于“所有教师都是平等的”的错误主张，屈从于任何人都可以（天生）成为教师的信念。是时候让专业人士集体站起来，宣布在专业领域取得成功所需要的深刻知识和理解。是时候庆祝教师对世界、对国家、对每个人的重大影响了。现在是时候把评估思维的概念，也许是最深和最高的思维形式，宣告为教师职业的基础。

重视教师职业本质

随着对教师需求的增加，随着教师队伍的不断变动，随着对其他专业人才的竞争日益激烈，随着对教师的要求越来越高，教师需要做更多的工作，以更多的方式影响学生，现在是重新发现教师职业本质的时候了。通过评估思维和循证推理，专业知识可能成为一个复兴职业的战斗口号。

这种复兴需要对教师候选人的职前教育、他们进入学校的情况以及他们在最初几年教学中的发展进行深入思考。这将需要改变职业阶梯，并在获取经验的同时赋予专业知识优先权。讨论必须集中在建立集体团队所需的领导力的性质和专业知识上，并聚焦教学对学生的影响。这意味着需要对社会公民进行更多的教育，了解这些新的优先事项和关于专业知识的信息，这意味着更广阔的资源分配，以发展和提高专业知识。最关键的是，它要求专业人员接受并促进专业知识的核心概念，将其作为定义特征。

与其使用助教来帮助那些最需要专业知识的学生，不如使用助教来帮助更有能力的学生，协助批改和评论（同样是在指导、规则和质量控制下），并帮助专业人员为即将到来的课程做准备。由专家教练与教师一起诊断、评估并最大化他们的影响，而不是由一位客座演讲者参加课后专业学习会议。教师们不再以个人主义、独来独去、发展自己的技能为目标，而是由教师群体（不一定在同一所学校）共同工作，以评估和分享专业知识。专家教练将花更多的时间与常规课堂上的教师在一起，共同帮助在某方面遇到困难的学生，而不是将这些学生从课堂上转移到专家那里。教师教育不应只专注于控制、课程、开发资源和特定的教学方法，而应对教师候选人进行教育，了解他们对学生学习的影响。教师教育的传统方面仍将有一席之地，但钟摆需要向尊重和加强专业知识倾斜。

考察专业知识的本质

当然，专业知识一直是教师职业的标志。亚里士多德认为，在某种程度上，教师在做出诊断和选择采用何种策略时，必须使用判断。而且，为学生祈福是一种谨慎的义务，不是为了教师，而是为了学生。亚里士多德认为，对另一个人幸福的强烈渴望的职业通常需要有意义的人际交往、对那个人的深刻理解以及同情。

教师们对这种专业知识的本质进行了反复的探索。罗伊斯质疑“是否存在教育科学？”（回答“否”），杜威认为他是在把科学应用到教育中，拉格曼写了《教育科学的来源》，埃里克森等人编辑了第一本专业知识和专家表现手册。拉多萨夫杰维斯认为教育学意味着教育的科学。然而，反对将教学视为一门专业或科学的典型论据是，它从其他科学中借用事实，它没有制定普遍的一般原则，教学主要与活动和实践有关。

我们认为，教学中有专门的知识，有专业的证据基础，而且确实存在教学实践。我们认为，专业的本质不是实践和活动，而是通过对诊断、实践和干预的选择、交付的精确度以及这些实践对学生影响的评估等更深层次的推理来进行的评估思维。

最近的述评

最近的两篇述评与我们在本书中讨论的观点有着显著的协同作用。达林-哈蒙德等人回顾了学习科学对教育实践的影响。他们认为，有必要重新考虑一个多世纪前基于工厂模式设计的机构，并支持专注于发展支持关系和良好集成方法的组织。他们主张有针对性地支持社会、情感和学术技能、策略和思维模式的发展，对每个学生的资产和需求做出个性化的回应。达林-哈蒙德和他的同事们注意到，教师现在负责的责任范围有所增加，他们需要获得综合服务和多层次支持系统的必要性，以解决课堂内外的学习障碍。他们还指出，需要在社交、情感和认知技能方面进行明确的指导，注入学习机会，并使用教育和恢复性方法来管理课堂和纪律。他们谈到了基于明确指示的探索性研究，基于动机思维模式的精通提升，以及基于适当高期望的反馈。

斯蒂格勒和米勒回顾了最近关于专业知识和专家在教学中的表现的文献。他们注意到，许多专家声称的专业知识来自对国际象棋和音乐的早期研究，但国际象棋专家不需要棋盘的合作，音乐家的目标是每次都以同样高的水平演奏莫扎特协奏曲——这与期望从教师那里获得的专业知识截然不同。他们指出，每个人（作为学生）在教室里度过的时间都超过1万小时。他们指出，教学是一种文化活动——一国之内的教学实践比国与国之间的教学实践更相似。例如，在美国，数学课上有大量的例题练习，过度练习的目的是在没有教师监督的情况下准确使用学到的技能。给予反馈对学生来说往往是徒劳的，因为学生不知道如何倾听和参与这些反馈。然而，在日本，数学教师一开始会提出难题，让学生自己努力解决。通过这种方式，学生们提出了各种各样的解决方案——有些是正确的，有些是不正确的——然后在课堂上讨论。该课程的目的是让学生加深与数学核心思想的联系，掌握了解题思路的他们能更坦然地面对新问题。斯蒂格勒和米勒认为，学习有3种截然不同的类型：有成效的奋斗（没有付出，就没有收获——当学生从事艰苦的智力工作时，他们学到的会更多）、明确的联系（特别是与他们已经知道的东西有关的，以及与成功的联系）和有意的实践（不是重复的，而是包括学习替代策略、接受和理解有信息的反馈的机会）。在这种模式下，专家型教师不被定义为那些采用一套最佳实践的人，而是那些（1）在教学前和教学中评估学生当前知识的能力，（2）制定明确的学习目标，（3）在自己的知识储备中考虑大量的策略，（4）对在任何给定情况下哪种策略最合适做出良好判断，（5）能够有效地实施策略，为学生创造学习机会的人。

斯蒂格勒和米勒认为发展分析方面的专业知识是成功的关键，尽管我们更喜欢发展评价思维方面的专业知识。他们认为专业知识是教师能够观察和分析实践，选择适当的策略，并有效地实施策略，同时监测学生思考和学习的证据。具体来说，那些能够在课堂上仔细观察和分析学生的思考和学习的人，可以提出可选择的教学策略，从而提高所有学生的结果，并可以利用课堂上发生的情况来修正自己的因果理论。

达林-哈蒙德等人及斯蒂格勒和米勒的两篇评论都论述了专业教师的思考方式，例如他们对自己的偏见和误解持开放态度，他们注重自身的学习，以最大限度地提高对所有学生的影响。

循证评估模型

我们的主要观点是，教师职业的基础是用评价性思考解决核心问题，目的是改善学生的学习体验。

基于评价性思考的6个关键问题是：

1. 学生准备好学习什么了，有什么证据能支持？

2. 什么是可能的和首选的循证干预对策？

3. 对学习的预期影响是什么？要如何评估呢？

4. 如何让首选的干预措施充备资源并实施？

5. 什么发生了？又要如何去解读？

6. 我如何与他人（同事、学生、研究人员）合作，以了解我的影响力？

评价性思考至少有5种方式：

1. 对证据进行推理和批判性思考，得出“下一步往哪里走”的建议。

2. 解决实施的精确性，不断检查意外的后果，并允许调整，以最大限度地提高学生的结果和经验的价值。

3. 调查可能导致错误结论或决定的潜在偏见和混淆因素。

4. 认识到教学的主要目的是对学生产生理想的、重要的和有价值的影响。

5. 理解他人的观点，从而判断价值。

这将教师集中表现为诊断专家、干预者和实施者、问题解决者和假设测试者、变化推动者和其影响的评估者、合作者和第二意见的寻求者。这种模式取决于学生的中心地位，并了解学生通过他们的技能（先前的理解、文化、家庭）、意愿（性格、对学校的态度）和他们的热情（学习的动机）为班级带来了什么。它也取决于教师的专业知识和技能，在实践中欣赏和使用证据和判断，对专业标准负责，以及在作为教师的学习生活之前和期间进行严格的学术和实践培训。

这种循证方法专注于基于知识、关系和成功标准的评估判断，让教室成为一个吸引学生前来参与挑战和学习乐趣的地方。它关注的是对学生的深刻理解，以及从任何系列课程的表面、深入和转移的结果。它是来自课堂和研究的证据与对选择高概率干预措施的后果影响的判断的相互作用。它更像是循证推理（解决问题、决策、判断、对经验和证据的开放态度），而不是任何类型的自动处理或对测试、机器人或非个人信息的依赖。

这种循证评估模式对学生的职前教育具有深远的意义，学生必须发展足够深入的知识基础，发展评估思维技能，并学习如何与他人合作，讨论他们的思维和影响。如果这反映在初任教师被要求承担的任务中，如循证实践评估，那么新手学生将很快领会到教师真正重视的东西。同样重要的是，教学生如何在团队中工作，如何对团队工作有信心，以及如何通过学生的眼睛看到他们所产生的影响。

对于那些将教学视为职业的人，以及家长、政策制定者和媒体来说，需要传递的信息是增强对这个职业的尊重——对专业知识以及技能水平的尊重。经验固然重要，但随着时间的推移，专业知识胜过经验。与其寻找失败，并以此为借口，不如专注于寻找和尊重成功。几乎每一份报告（数量众多）的第一章都在哀叹学校有多糟糕，感叹世界在变化，而学校却没有变化，并指出教学仍是过去150年一直存在的“流水线”模式。相反，我们需要认识到，在我们的学校里有一些（在一些地方，是大量的）优秀人才，我们应该从承认这些优秀人才和专业技能开始——然后去考虑如何提升这些专业技能。

还需要考虑如何加强教师的职业结构、专业标准和薪酬（例如，具有更高水平的评价思维和指导团队工作技能的教师）。此外，我们需要考虑促进教师跨学科合作的机制，以确保每个学生都有机会成长，并最大限度地提高他们的学习能力。

教学是一种由评估推理技能定义的职业，专注于对学生学习生活的最大影响。这个标准是很高的，但它是可以达到的，而且已经被许多人达到了。它应该成为那些想要提高教学质量，以及那些想要提高学习质量的人的战斗口号。

Acknowledgments

致谢

许多同事都为这些想法的发展和巩固作出了贡献。最重要的是墨尔本教育研究生院（MGSE）循证教学模式项目的众多学者和数千名学生，该项目早期由柯莱特·泰勒、芭芭拉·卡梅奈尔和拉里萨·麦克林·戴维斯领导。其他的主要贡献者还有凯耶·史黛丝和克里斯汀·尤尔。2007年，这个核心团队访问了斯坦福大学，参观了达林-哈蒙德领导的工作，展示了伙伴关系的重要性和对学生影响的关注。我们感谢所有的课程协调人、教学研究员、循证专家，以及所有从最初以来努力理解、实施和改进项目的人。

该项目在很大程度上基于墨尔本教育研究生院评估研究中心主任帕特里克·格里芬的思考和研究。帕特里克运用了解释、发展性进步规则、有针对性的教学干预和学习证据的概念作为教学硕士的核心。将评估作为发展循证思维（而不是课程、教学、实践、理论）的基础，这是不寻常的，但这种发展的、循证的、解释的重点是教学硕士和本书概述的循证模式的关键。

综观大学，其实这个项目有很多的贡献者，从格林·戴维斯开始就曾就墨尔本模型给出重要意见，他也是让澳大利亚的教师质量得以真正改变的一个主要支持者。

洛林·格雷厄姆和苏珊·里瑟对第三章中讨论的循证教学周期阶段的定义和概念提供了有价值和细腻的见解。案例研究由拉丽莎·麦克莱恩·戴维斯、丽莎·麦凯–布朗、大卫·麦肯齐、苏珊·尼卡基斯、嘉娜·沃德曼、琼·麦克洛克林、凯瑟琳·巴克利、珍妮特·布林、乔丹·古尔丁、卡桑德拉·马里诺普洛斯和安娜·墨菲提供。我们还要感谢朱利叶斯·科尔曼和肯·缪尔的贡献，以及罗宾·埃文斯和理查德·戴维斯，他们愿意花时间讨论他们各自的专业以及这些专业的基础思想、实践和专业知识。我们感谢约翰和詹妮弗·普雷斯科特慷慨的慈善支持，使这本书得以完成。

感谢澳大利亚学校教师和领导者协会的团队成员，他们继续提供信息、面对挑战并实现如此卓越的成就。与各种政策人员、政治家和高级部门领导一起工作是愉快的，我们感谢他们对我们工作的支持。

感谢劳特利奇出版社的布鲁斯·罗伯茨，感谢你予我的耐心和理解。我们感谢他和那些对原稿早期草稿提供建设性反馈的审稿人。感谢琼娜·梅，她为开发第八章给予了重要的新方案和支持贡献。感谢珍妮特·里弗斯将我们的平庸的表达提升到了更高的水平。

多年来，我们在会议和研讨会上遇到了数千名教师。事实上，没有什么比聆听他们的故事、感受他们的奉献、从他们的影响中学习更值得的了。如此优秀，如此谦卑，如此的关怀和献身——这本书旨在讲述这些最好的教师的故事，了解优秀的职业教师的本质，并挑战、劝诱、说服行业以定义我们职业的卓越为立、为傲、为履行标准。

对于菲尔德和约翰来说，我们最大的批评者和支持者都仍旧是我们的合作伙伴。我们要感谢米莉和珍妮特对我们的支持，感谢她们对我们定期会议和激烈辩论的纵容，感谢她们能对着我们讲的笑话笑出来！我们的6个孩子现在都成年了，从学校系统毕业了（谢谢教师们）。现在是我们的9个孙子继续启发我们、激励我们，这本书献给你们。

“常青藤”书系—中青文教师用书总目录

	书名	书号	定价
	特别推荐——从优秀到卓越系列		
★	从优秀教师到卓越教师：极具影响力的日常教学策略	9787515312378	33.80
★	从优秀教学到卓越教学：让学生专注学习的最实用教学指南	9787515324227	39.90
★	从优秀学校到卓越学校：他们的校长在哪些方面做得更好	9787515325637	59.90
★	卓越课堂管理（中国教育新闻网2015年度“影响教师的100本书”）	9787515331362	88.00
	名师新经典/教育名著		
	最难的问题不在考试中：先别教答案，带学生自己找到想问的事	9787515365930	48.00
	在芬兰中小学课堂观摩研修的365日	9787515363608	49.00
★	马文·柯林斯的教育之道：通往卓越教育的路径（《中国教育报》2019年度“教师喜爱的100本书”，中国教育新闻网“影响教师的100本书”。朱永新作序，李希贵力荐）	9787515355122	49.80
★	如何当好一名学校中层：快速提升中层能力、成就优秀学校的31个高效策略	9787515346519	49.00
★	像冠军一样教学：引领学生走向卓越的62个教学诀窍	9787515343488	49.00
	像冠军一样教学 2：引领教师掌握62个教学诀窍的实操手册与教学资源	9787515352022	68.00
★	如何成为高效能教师	9787515301747	89.00
★	给教师的101条建议（第三版）(《中国教育报》“最佳图书”奖）	9787515342665	49.00
★	改善学生课堂表现的50个方法（入选《中国教育报》“影响教师的100本书”）	9787500693536	33.00
	改善学生课堂表现的50个方法操作指南：小技巧获得大改变	9787515334783	39.00
	美国中小学世界历史读本 / 世界地理读本 / 艺术史读本	9787515317397等	106.00
	美国语文读本1-6	9787515314624等	252.70
	和优秀教师一起读苏霍姆林斯基	9787500698401	27.00
	快速破解60个日常教学难题	9787515339320	39.90
★	美国最好的中学是怎样的——让孩子成为学习高手的乐园	9787515344713	28.00
	建立以学习共同体为导向的师生关系：让教育的复杂问题变得简单	9787515353449	33.80
	教师成长/专业素养		
	教师的专业成长与评价性思考：专业主义如何影响和改变教育	9787515369143	49.90
	精益教育与可见的学习：如何用更精简的教学实现更好的学习成果	9787515368672	59.00
	教学这件事：感动几代人的教师专业成长指南	9787515367910	49.00
	如何更快地变得更好：新教师90天培训计划	9787515365824	59.90
	让每个孩子都发光：赋能学生成长、促进教师发展的KIPP学校教育模式	9787515366852	59.00
	60秒教师专业发展指南：给教师的239个持续成长建议	9787515366739	59.90
	通过积极的师生关系提升学生成绩：给教师的行动清单	9787515356877	49.00
	卓越教师工具包：帮你顺利度过从教的前5年	9787515361345	49.00
★	可见的学习与深度学习：最大化学生的技能、意志力和兴奋感	9787515361116	45.00
	学生教给我的17件重要的事：带给你爱、勇气、坚持与创意的人生课堂	9787515361208	39.80
★	教师如何持续学习与精进	9787515361109	39.00
	从实习教师到优秀教师	9787515358673	39.90
	像领袖一样教学：改变学生命运，使学生变得更好（中国教育新闻网2015年度“影响教师的100本书”）	9787515355375	49.00
★	你的第一年：新教师如何生存和发展	9787515351599	33.80
	教师精力管理：让教师高效教学，学生自主学习	9787515349169	39.90
	如何使学生成为优秀的思考者和学习者：哈佛大学教育学院课堂思考解决方案	9787515348155	49.90
	反思性教学：一个已被证明能让教师做到更好的培训项目（30周年纪念版）	9787515347837	59.90
★	凭什么让学生服你：极具影响力的日常教育策略（中国教育新闻网2017年度“影响教师的100本书”）	9787515347554	39.90
	运用积极心理学提高学生成绩（中国教育新闻网2017年度“影响教师的100本书”）	9787515345680	59.90

书名	书号	定价
可见的学习与思维教学：成长型思维教学的54个教学资源：教学资源版	9787515354743	36.00
可见的学习与思维教学：让教学对学生可见，让学习对教师可见（中国教育报2017年度“教师最喜爱的100本书”）	9787515345000	39.90
教学是一段旅程：成长为卓越教师你一定要知道的事	9787515344478	39.00
安奈特·布鲁肖写给教师的101首诗	9787515340982	35.00
万人迷老师养成宝典学习指南	9787515340784	28.00
中小学教师职业道德培训手册：师德的定义、养成与评估	9787515340777	32.00
成为顶尖教师的10项修炼（中国教育新闻网2015年度“影响教师的100本书”）	9787515334066	49.90
T. E. T. 教师效能训练：一个已被证明能让所有年龄学生做到最好的培训项目（30周年纪念版）（中国教育新闻网2015年度“影响教师的100本书”）	9787515332284	49.00
教学需要打破常规：全世界最受欢迎的创意教学法（中国教育新闻网2015年度“影响教师的100本书”）	9787515331591	45.00
给幼儿教师的100个创意：幼儿园班级设计与管理	9787515330310	39.90
给小学教师的100个创意：发展思维能力	9787515327402	29.00
给中学教师的100个创意： 如何激发学生的天赋和特长 / 杰出的教学 / 快速改善学生课堂表现	9787515330723等	87.90
以学生为中心的翻转教学11法	9787515328386	29.00
如何使教师保持职业激情	9787515305868	29.00
如何培训高效能教师：来自全美权威教师培训项目的建议	9787515324685	39.90
良好教学效果的12试金石：每天都需要专注的事情清单	9787515326283	29.90
让每个学生主动参与学习的37个技巧	9787515320526	45.00
给教师的40堂培训课：教师学习与发展的最佳实操手册	9787515352787	39.90
提高学生学习效率的9种教学方法	9787515310954	27.80
优秀教师的课堂艺术：唤醒快乐积极的教学技能手册	9787515342719	26.00
万人迷老师养成宝典（第2版）（入选《中国教育报》“2010年影响教师的100本书”）	9787515342702	39.00
高效能教师的9个习惯	9787500699316	26.00
课堂教学/课堂管理		
像行为管理大师一样管理你的课堂：给教师的课堂行为管理解决方案	9787515368108	59.00
差异化教学与个性化教学：未来多元课堂的智慧教学解决方案	9787515367095	49.90
如何设计线上教学细节：快速提升线上课程在线率和课堂学习参与度	9787515365886	49.00
设计型学习法：教学与学习的重新构想	9787515366982	59.00
让学习真正在课堂上发生：基于学习状态、高度参与、课堂生态的深度教学	9787515366975	49.00
让教师变得更好的75个方法：用更少的压力获得更快的成功	9787515365831	49.00
技术如何改变教学：使用课堂技术创造令人兴奋的学习体验，并让学生对学习记忆深刻	9787515366661	49.00
课堂上的问题形成技术：老师怎样做，学生才会提出好的问题	9787515366401	45.00
翻转课堂与项目式学习	9787515365817	45.00
优秀教师一定要知道的19件事：回答教师核心素养问题，解读为什么要向优秀者看齐	9787515366630	39.00
从作业设计开始的30个创意教学法：运用互动反馈循环实现深度学习	9787515366364	59.00
基于课堂中精准理解的教学设计	9787515365909	49.00
如何创建培养自主学习者的课堂管理系统	9787515365879	49.00
如何设计深度学习的课堂：引导学生学习的176个教学工具	9787515366715	49.90
如何提高课堂创意与参与度：每个教师都可以使用的178个教学工具	9787515365763	49.90
如何激活学生思维：激励学生学习与思考的187个教学工具	9787515365770	49.90
男孩不难教：男孩学业、态度、行为问题的新解决方案	9787515364827	49.00
高度参与的线上线下融合式教学设计：极具影响力的备课、上课、练习、评价项目教学法	9787515364438	49.00
跨学科项目式教学：通过“+1”教学法进行计划、管理和评估	9787515361086	49.00
课堂上最重要的56件事	9787515360775	35.00

	书名	书号	定价
★	全脑教学与游戏教学法	9787515360690	39.00
★	深度教学：运用苏格拉底式提问法有效开展备课设计和课堂教学	9787515360591	49.90
★	一看就会的课堂设计：三个步骤快速构建完整的课堂管理体系	9787515360584	39.90
	如何有效激发学生学习兴趣	9787515360577	38.00
	如何解决课堂上最关键的9个问题	9787515360195	49.00
	多元智能教学法：挖掘每一个学生的最大潜能	9787515359885	39.90
★	探究式教学：让学生学会思考的四个步骤	9787515359496	39.00
	课堂提问的技术与艺术	9787515358925	49.00
	如何在课堂上实现卓越的教与学	9787515358321	49.00
	基于学习风格的差异化教学	9787515358437	39.90
★	如何在课堂上提问：好问题胜过好答案	9787515358253	39.00
★	高度参与的课堂：提高学生专注力的沉浸式教学	9787515357522	39.90
	让学习变得有趣	9787515357782	39.00
★	如何利用学校网络进行项目式学习和个性化学习	9787515357591	39.90
	基于问题导向的互动式、启发式与探究式课堂教学法	9787515356792	49.00
	如何在课堂中使用讨论：引导学生讨论式学习的60种课堂活动	9787515357027	38.00
	如何在课堂中使用差异化教学	9787515357010	39.90
★	如何在课堂中培养成长型思维	9787515356754	39.90
	每一位教师都是领导者：重新定义教学领导力	9787515356518	39.90
★	教室里的1-2-3魔法教学：美国广泛使用的从学前到八年级的有效课堂纪律管理	9787515355986	39.90
	如何在课堂中使用布卢姆教育目标分类法	9787515355658	39.00
	如何在课堂上使用学习评估	9787515355597	39.00
	7天建立行之有效的课堂管理系统：以学生为中心的分层式正面管教	9787515355269	29.90
	积极课堂：如何更好地解决课堂纪律与学生的冲突	9787515354590	38.00
	设计智慧课堂：培养学生一生受用的学习习惯与思维方式	9787515352770	39.00
	追求学习结果的88个经典教学设计：轻松打造学生积极参与的互动课堂	9787515353524	39.00
	从备课开始的100个课堂活动设计：创造积极课堂环境和学习乐趣的教师工具包	9787515353432	33.80
	老师怎么教，学生才能记得住	9787515353067	48.00
	多维互动式课堂管理：50个行之有效的方法助你事半功倍	9787515353395	39.80
	智能课堂设计清单：帮助教师建立一套规范程序和做事方法	9787515352985	49.90
	提升学生小组合作学习的56个策略：让学生变得专注、自信、会学习	9787515352954	29.90
	快速处理学生行为问题的52个方法：让学生变得自律、专注、爱学习	9787515352428	39.00
	王牌教学法：罗恩·克拉克学校的创意课堂	9787515352145	39.80
	让学生快速融入课堂的88个趣味游戏：让上课变得新颖、紧凑、有成效	9787515351889	39.00
★	如何调动与激励学生：唤醒每个内在学习者（李希贵校长推荐全校教师研读）	9787515350448	39.80
	合作学习技能35课：培养学生的协作能力和未来竞争力	9787515340524	59.00
	基于课程标准的STEM教学设计：有趣有料有效的STEM跨学科培养教学方案	9787515349879	68.00
	如何设计教学细节：好课堂是设计出来的	9787515349152	39.00
	15秒课堂管理法：让上课变得有料、有趣、有秩序	9787515348490	49.00
	混合式教学：技术工具辅助教学实操手册	9787515347073	39.80
	从备课开始的50个创意教学法	9787515346618	39.00
	中学生实现成绩突破的40个引导方法	9787515345192	33.00
	给小学教师的100个简单的科学实验创意	9787515342481	39.00
	老师如何提问，学生才会思考	9787515341217	49.00
	教师如何提高学生小组合作学习效率	9787515340340	39.00
	卓越教师的200条教学策略	9787515340401	49.90

书名	书号	定价
中小学生执行力训练手册：教出高效、专注、有自信的学生	9787515335384	49.90
从课堂开始的创客教育：培养每一位学生的创造能力	9787515342047	33.00
提高学生学习专注力的8个方法：打造深度学习课堂	9787515333557	35.00
改善学生学习态度的58个建议	9787515324067	36.00
全脑教学（中国教育新闻网2015年度“影响教师的100本书”）	9787515323169	38.00
全脑教学与成长型思维教学：提高学生学习力的92个课堂游戏	9787515349466	39.00
哈佛大学教育学院思维训练课：让学生学会思考的20个方法	9787515325101	59.90
完美结束一堂课的35个好创意	9787515325163	28.00
如何更好地教学：优秀教师一定要知道的事	9787515324609	49.90
带着目的教与学	9787515323978	39.90
美国中小学生社会技能课程与活动（学前阶段/1-3年级/4-6年级/7-12年级）	9787515322537等	215.70
彻底走出教学误区：开启轻松智能课堂管理的45个方法	9787515322285	28.00
破解问题学生的行为密码：如何教好焦虑、逆反、孤僻、暴躁、早熟的学生	9787515322292	36.00
13个教学难题解决手册	9787515320502	28.00
让学生爱上学习的165个课堂游戏	9787515319032	39.00
美国学生游戏与素质训练手册：培养孩子合作、自尊、沟通、情商的103种教育游戏	9787515325156	49.00
老师怎么说，学生才会听	9787515312057	39.00
快乐教学：如何让学生积极与你互动（入选《中国教育报》“影响教师的100本书”）	9787500696087	29.00
老师怎么教，学生才会提问	9787515317410	29.00
快速改善课堂纪律的75个方法	9787515313665	39.90
教学可以很简单：高效能教师轻松教学7法	9787515314457	39.00
好老师可以避免的20个课堂错误（入选《中国教育报》“影响教师的100本图书”）	9787500688785	39.90
好老师应对课堂挑战的25个方法（《给教师的101条建议》作者新书）	9787500699378	25.00
好老师激励后进生的21个课堂技巧	9787515311838	39.80
开始和结束一堂课的50个好创意	9787515312071	29.80
好老师因材施教的12个方法（美国著名教师伊莉莎白“好老师”三部曲）	9787500694847	22.00
如何打造高效能课堂	9787500680666	29.00
合理有据的教师评价：课堂评估衡量学生进步	9787515330815	29.00
班主任工作/德育		
北京四中8班的教育奇迹	9787515321608	36.00
师德教育培训手册	9787515326627	29.80
中小学教师职业道德培训手册：师德的定义、养成与评估	9787515340777	32.00
好老师征服后进生的14堂课（美国著名教师伊莉莎白“好老师”三部曲）	9787500693819	39.90
优秀班主任的50条建议：师德教育感动读本（《中国教育报》专题推荐）	9787515305752	23.00
学校管理/校长领导力		
如何构建积极型学校	9787515368818	49.90
卓越课堂的50个关键问题	9787515366678	39.00
如何培育卓越教师：给学校管理者的行动清单	9787515357034	39.00
学校管理最重要的48件事	9787515361055	39.80
重新设计学习和教学空间：设计利于活动、游戏、学习、创造的学习环境	9787515360447	49.90
重新设计一所好学校：简单、合理、多样化地解构和重塑现有学习空间和学校环境	9787515356129	49.00
让樱花绽放英华	9787515355603	79.00
学校管理者平衡时间和精力的21个方法	9787515349886	29.90
校长引导中层和教师思考的50个问题	9787515349176	29.00
如何定义、评估和改变学校文化	9787515340371	29.80
优秀校长一定要做的18件事（入选《中国教育报》“2009年影响教师的100本书”）	9787515342733	39.90

	书名	书号	定价
	学科教学/教科研		
	中学古文观止50讲：文言文阅读能力提升之道	9787515366555	59.90
	完美英语备课法：用更短时间和更少材料让学生高度参与的100个课堂游戏	9787515366524	49.00
	人大附中整本书阅读取胜之道：让阅读与作文双赢	9787515364636	59.90
	北京四中语文课：千古文章	9787515360973	59.00
	北京四中语文课：亲近经典	9787515360980	59.00
	从备课开始的56个英语创意教学：快速从小白老师到名师高手	9787515359878	49.90
	美国学生写作技能训练	9787515355979	39.90
	《道德经》妙解、导读与分享（诵读版）	9787515351407	49.00
	京沪穗江浙名校名师联手教你：如何写好中考作文	9787515356570	49.90
	京沪穗江浙名校名师联手授课：如何写好高考作文	9787515356686	49.80
★	人大附中中考作文取胜之道	9787515345567	39.80
★	人大附中高考作文取胜之道	9787515320694	49.90
★	人大附中学生这样学语文：走近经典名著	9787515328959	49.90
	四界语文（入选《中国教育报》2017年度“教师喜爱的100本书”）	9787515348483	49.00
	让小学一年级孩子爱上阅读的40个方法	9787515307589	39.90
	让学生爱上数学的48个游戏	9787515326207	26.00
	轻松100 课教会孩子阅读英文	9787515338781	88.00
	情商教育/心理咨询		
	9节课，教你读懂孩子：妙解亲子教育、青春期教育、隔代教育难题	9787515351056	39.80
★	学生版盖洛普优势识别器（独一无二的优势测量工具）	9787515350387	169.00
	与孩子好好说话（获“美国国家育儿出版物（NAPPA）金奖”）	9787515350370	39.80
	中小学心理教师的10项修炼	9787515309347	36.00
★	别和青春期的孩子较劲（增订版）（入选《中国教育报》“2009年影响教师的100本书”）	9787515343075	39.90
★	100条让孩子胜出的社交规则	9787515327648	28.00
	守护孩子安全一定要知道的17个方法	9787515326405	32.00
	幼儿园/学前教育		
	中挪学前教育合作式学习：经验·对话·反思	9787515364858	79.00
	幼小衔接听读能力课	9787515364643	33.00
	用蒙台梭利教育法开启0～6岁男孩潜能	9787515361222	45.00
	德国幼儿的自我表达课：不是孩子爱闹情绪，是她/他想说却不会说！	9787515359458	59.00
	德国幼儿教育成功的秘密：近距离体验德国学前教育理念与幼儿园日常活动安排	9787515359465	49.80
	美国儿童自然拼读启蒙课：至关重要的早期阅读训练系统	9787515351933	49.80
	幼儿园30个大主题活动精选：让工作更轻松的整合技巧	9787515339627	39.80
★	美国幼儿教育活动大百科：3-6岁儿童学习与发展指南用书 科学 / 艺术 / 健康与语言 / 社会	9787515324265等	600.00
	蒙台梭利早期教育法：3-6岁儿童发展指南（理论版）	9787515322544	29.80
	蒙台梭利儿童教育手册：3-6岁儿童发展指南（实践版）	9787515307664	33.00
★	自由地学习：华德福的幼儿园教育	9787515328300	49.90
	赞美你：奥巴马给女儿的信	9787515303222	19.90
	史上最接地气的幼儿书单	9787515329185	39.80
	教育主张/教育视野		
	重新定义学习：如何设计未来学校与引领未来学习	9787515367484	49.90
	教育新思维：帮助孩子达成目标的实战教学法	9787515365848	49.00
	学习是如何发生的：教育心理学中的开创性研究及其实践意义	9787515366531	59.90
	父母不应该错过的犹太人育儿法	9787515365688	59.00

书名	书号	定价
如何在线教学：教师在智能教育新形态下的生存与发展	9787515365855	49.00
正向养育：黑幼龙的慢养哲学	9787515365671	39.90
颠覆教育的人：蒙台梭利传	9787515365572	59.90
如何科学地帮助孩子学习：每个父母都应知道的77项教育知识	9787515368092	59.00
学习的科学：每位教师都应知道的99项教育研究成果（升级版）	9787515368078	59.90
学习的科学：每位教师都应知道的77项教育研究成果	9787515364094	59.00
真实性学习：如何设计体验式、情境式、主动式的学习课堂	9787515363769	49.00
哈佛前1%的秘密（俞敏洪、成甲、姚梅林、张梅玲推荐）	9787515363349	59.90
基于七个习惯的自我领导力教育设计：让学校育人更有道，让学生自育更有根	9787515362809	69.00
终身学习：让学生在未来拥有不可替代的决胜力	9787515360560	49.90
颠覆性思维：为什么我们的阅读方式很重要	9787515360393	39.90
如何教学生阅读与思考：每位教师都需要的阅读训练手册	9787515359472	39.00
成长型教师：如何持续提升教师成长力、影响力与教育力	9787515368689	48.00
教出阅读力	9787515352800	39.90
为学生赋能：当学生自己掌控学习时，会发生什么	9787515352848	33.00
如何用设计思维创意教学：风靡全球的创造力培养方法	9787515352367	39.80
如何发现孩子：实践蒙台梭利解放天性的趣味游戏	9787515325750	32.00
如何学习：用更短的时间达到更佳效果和更好成绩	9787515349084	49.00
教师和家长共同培养卓越学生的10个策略	9787515331355	27.00
如何阅读：一个已被证实的低投入高回报的学习方法	9787515346847	39.00
芬兰教育全球第一的秘密（钻石版）（《中国教育报》等主流媒体专题推荐）	9787515359922	59.00
世界最好的教育给父母和教师的45堂必修课（《芬兰教育全球第一的秘密》2）	9787515342696	28.00
杰出青少年的7个习惯（精英版）	9787515342672	39.00
杰出青少年的7个习惯（成长版）	9787515335155	29.00
杰出青少年的6个决定（领袖版）（全国优秀出版物奖）	9787515342658	49.90
7个习惯教出优秀学生（第2版）（全球畅销书《高效能人士的七个习惯》教师版）	9787515342573	39.90
学习的科学：如何学习得更好更快（入选中国教育网2016年度“影响教师的100本书”）	9787515341767	39.80
杰出青少年构建内心世界的5个坐标（中国青少年成长公开课）	9787515314952	59.00
跳出教育的盒子（第2版）（美国中小学教学经典畅销书）	9787515344676	35.00
夏烈教授给高中生的19场讲座	9787515318813	29.90
学习之道：美国公认经典学习书	9787515342641	39.00
翻转学习：如何更好地实践翻转课堂与慕课教学（中国教育新闻网2015年度“影响教师的100本书”）	9787515334837	32.00
翻转课堂与慕课教学：一场正在到来的教育变革	9787515328232	26.00
翻转课堂与混合式教学：互联网+时代，教育变革的最佳解决方案	9787515349022	29.80
翻转课堂与深度学习：人工智能时代，以学生为中心的智慧教学	9787515351582	29.80
奇迹学校：震撼美国教育界的教学传奇（中国教育新闻网2015年度“影响教师的100本书”）	9787515327044	36.00
学校是一段旅程：华德福教师1-8年级教学手记	9787515327945	49.00
高效能人士的七个习惯（30周年纪念版）（全球畅销书）	9787515360430	79.00

可以通过如下途径购买：

书　　店：各地新华书店、教育书店。

网上书店：当当网（www.dangdang.com）、天猫（zqwts.tmall.com）、京东网（www.jd.com）。

团　　购：各地教育部门、学校、教师培训机构、图书馆团购，可享受特别优惠。

购书热线：010-65511272 / 65516873